行知学习指导与高效训练

高中物理

（选择性必修第三册）

总主编 张和松

主　编 俞建操　刘　颖

副主编 冯　欣　蔡柳东

编　委 敖珊珊　陈　昆　付　蔺　黄雅涵　焦芳枝
刘　畅　李红霞　文　燕　姚钧翔　叶　倩
钟捍东　张程鑫　常　超

西南大学出版社
国家一级出版社　全国百佳图书出版单位

前言

本书是重庆育才中学普通高中物理课程创新基地基于课程标准及教材,立足于学生实际,结合学校教育特色,以教研制度为支撑而开发的适用于所有高中学生课堂学习指导与课后有效练习的校本教辅。

本书上册为章节知识点复习,下册为作业训练。上册主要栏目有“自主学习”和“核心突破”,下册主要栏目有“基础训练”和“能力提升”。

“自主学习”:帮助学生明确预习目标和重点学习内容;

“核心突破”:让学生清晰掌握重点,轻松突破难点,了解相关题型,掌握解题方法技巧,总结物理规律,提升解题能力,及时跟踪训练,检查对重难点知识的掌握情况;

“基础训练”和“能力提升”:针对不同层次学生在不同阶段的课后强化训练,从基础知识、解题能力、思维拓展三个层级逐层递进,推进有效学习。

另外,本书在必要的地方设有章末总结及专题训练,给学生提供全面的学习方案,系统梳理模块知识并优化总结,再安排针对性训练,让知识的学习和掌握更加系统。从新课学习到典例练习,从掌握一般解题方法到熟悉高考题型,让学生在上新课时、单元复习时和模块复习时都能使用,做到让学生上课能听懂,课后会做题,复习有思路。

该书不仅能很好地培养学生的自学能力,还能在课后巩固提升,提高学习效率。该书注重基础知识的讲解和基本技能的训练,讲解深入透彻,重难点轻松突破,不论是对物理基础薄弱的学生,还是对成绩相对较好的学生都有很大的帮助。

编 者

2022年11月

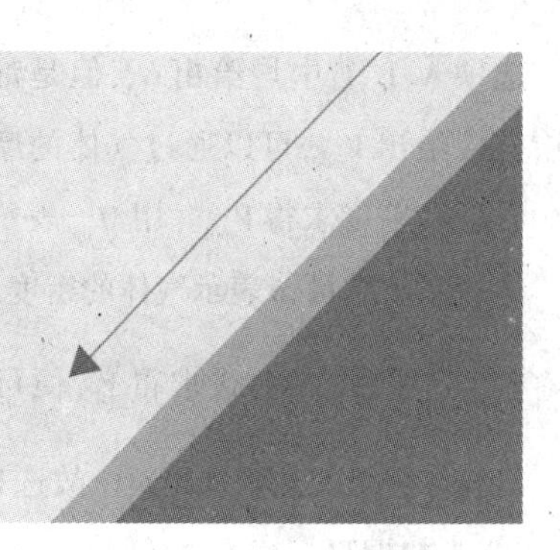

参考答案

第一章　分子动理论

课时作业1　分子动理论的基本内容

基础训练

1.答案　CD

[解析]　扩散现象是一种物质的分子进入另一种物质内部的现象，因而说明了分子间存在着空隙；扩散现象不是外界作用引起的，也不是化学反应的结果，而是由物质分子的无规则运动产生的。故C、D正确。

2.答案　A

[解析]　水银的摩尔体积为$V=\frac{M}{\rho}$，水银分子的体积为$V_0=\frac{V}{N_A}=\frac{M}{\rho N_A}$；把水银分子看作球形，由$V_0=\frac{1}{6}\pi d^3$得$d=\left(\frac{6M}{\pi\rho N_A}\right)^{\frac{1}{3}}$，A正确。

3.答案　D

[解析]　分子无规则热运动的剧烈程度与温度有关，温度越高热运动越剧烈，故选D。

4.答案　AC

[解析]　液体温度越高，液体分子热运动越剧烈，对悬浮颗粒的作用力越强，布朗运动越明显；悬浮颗粒越小，在某一瞬间跟它相撞的液体分子数越少，撞击作用的不平衡表现得越明显，布朗运动越明显。A、C正确。

5.答案　D

[解析]　A、B两项说明分子间存在引力，C项说明分子间存在斥力，D项说明气体分子间距离大，故选D。

6.答案　BC

[解析]　$r<r_0$时，分子间作用力表现为斥力；故A错误，B正确。在分子间的距离从$0.5r_0$增大到$10r_0$的过程中，分子间作用力先表现为斥力减小到零，再表现为引力先增大后减小到零，故C正确，D错误。

7.答案　BC

[解析]　1 mol该物质的质量为M，且含有N_A个分子，所以一个分子的质量为$\frac{M}{N_A}$，B正确。又因为质量为m的样品的分子总数为N，则一个分子的质量又可以表示为$\frac{m}{N}$，C正确，A、D错误。

8.答案　ACD

[解析]　实际上气体分子之间的距离远比分子本身的线度大得多，即气体分子之间有很大空隙，故不能根据$V'=\frac{V_{mol}}{N_A}$计算每个分子的体积，这样算得的应是该气体每个分子所占据的空间体积，故C正确；可认为每个分子平均占据了一个小立方体空间，$\sqrt[3]{\frac{V_{mol}}{N_A}}$即为相邻分子之间的平均距离，D正确；每个分子的质量可由$m'=\frac{M_{mol}}{N_A}$估算，A正确。

9.答案　AB

[解析]　由分子动理论可知A正确；分子动理论是在扩散现象和布朗运动等的实验基础上提出的，B正确；分子间距离增大时，分子间作用力可能增大，如r由r_0增大的一小段距离内，F增大，C错误；酒精和水混合后总体积减小是因为分子间有空隙，它们并没有发生化学反应，D错误。

10.答案　B

[解析]　欲知气体分子间的平均距离，需先知气体分子平均占有的空间体积大小。分子所占空间体积属于微观量，需通过阿伏加德罗常数从宏观量求之。用V_0表示分子平均占有的空间体积，V_{mol}表示气体的摩尔体积，N_A表示阿伏加德罗常数，则$V_0=\frac{V_{mol}}{N_A}$。从四个选项给出的条件看，

选项A、B、C中均给出N_A，但是都没直接给出V_{mol}，可以通过气体的摩尔质量和密度求得V_{mol}。用M_{mol}表示气体的摩尔质量，ρ表示气体的密度，则$V_{mol}=\frac{M_{mol}}{\rho}$，代入上式求得$V_0$，便可求出气体分子间的平均距离。故选B。

能力提升

11.答案　B

［解析］　布朗运动是固体微粒的运动，牛顿运动定律依然适用，A错误。布朗运动是液体(或气体)分子无规则运动的反映，B正确。C中微尘的运动是气流与重力共同作用的结果，C错误。热运动是指分子永不停息的无规则运动，与布朗运动不是同一概念，D错误。

12.答案　B

［解析］　题中现象属扩散现象，是两种不同物质分子无规则运动引起的，B正确。

13.答案　ACD

［解析］　扩散现象是物质分子的迁移，而布朗运动是悬浮在液体或气体中的微粒的运动，液体或气体分子对微粒撞击作用的不平衡导致微粒运动，由此可见扩散现象和布朗运动不需要附加条件；扩散现象直接证明了“组成物质的分子在永不停息地做无规则运动”，而布朗运动间接证明了“组成物质的分子在永不停息地做无规则运动”。A、C、D正确，B错误。

14.答案　CD

［解析］　锯条弯到一定程度就会断裂是因为即将断裂处分子之间的距离大到一定程度时，使锯条断裂的力大于即将断裂处的分子间作用力；给自行车打气时越打越费力，是因为胎内气体分子多了以后气体的压强增大，而不是分子之间的斥力起作用。A、B错误，C、D正确。

15.答案　(1)1.0×10^{22}　(2)2.2×10^{-10} m

［解析］　(1)金刚石的质量

$m=\rho V=3500\times5.7\times10^{-8}$ kg$=2.0\times10^{-4}$ kg

碳的物质的量

$n=\frac{m}{M}=\frac{2.0\times10^{-4}}{1.2\times10^{-2}}$ mol$=1.7\times10^{-2}$ mol

金刚石所含碳原子数

$N=n\cdot N_A=1.7\times10^{-2}\times6.02\times10^{23}=1.0\times10^{22}$。

(2)一个碳原子的体积

$V_0=\frac{V}{N}=\frac{5.7\times10^{-8}}{1.0\times10^{22}}$ m^3$=5.7\times10^{-30}$ m^3

把金刚石中的碳原子看成球体，则由公式$V_0=\frac{\pi}{6}d^3$可得碳原子直径为

$d=\sqrt[3]{\frac{6V_0}{\pi}}$ m$=\sqrt[3]{\frac{6\times5.7\times10^{-30}}{3.14}}$ m$=2.2\times10^{-10}$ m。

课时作业2　实验：用油膜法估测油酸分子的大小

基础训练

1.答案　D

［解析］　由$d=\frac{V}{S}$可知D正确。

2.答案　ABD

［解析］　由实验原理可得出A、B、D正确。

3.答案　A

［解析］　由题知油膜的面积约为$S=\pi R^2=\frac{\pi}{4}d^2$，故油酸分子直径为$D=\frac{V}{S}=\frac{4V}{\pi d^2}$，A正确。

4.答案　B

［解析］　油酸在水面上散开，形成单分子油膜，单分子油膜的厚度等于油酸分子的直径，数量级为10^{-10} m，则油膜面积的数量级为：$S=\frac{V}{d}=\frac{10^{-4}}{10^{-10}\times10^{2}}$ cm^2=10^4 cm^2，故B正确。

5.答案　单分子油膜　分子的直径$\frac{V}{S}$

能力提升

6.答案　(1)油酸酒精溶液的体积浓度

(2)一滴油酸酒精溶液的体积

(3)一滴油酸酒精溶液中的纯油酸形成的单分子油膜的面积

7.答案　(1)④①②⑤③　(2)5×10^{-10}

［解析］　(1)在“用油膜法估测油酸分子的大小”实验中，应先配制油酸酒精溶液，计算一滴油酸酒精溶液中纯油酸的体积；再往盘中倒入水，并撒爽身粉；然后用注射器将配好的溶液滴一滴在水面上，待油膜形状稳定；再将玻璃板放于浅盘上，用彩笔将油膜形状描绘在玻璃板上；最后计算油膜面积S，由$d=\frac{V}{S}$计算油酸分子的直径。

(2)一滴油酸酒精溶液中含纯油酸的体积$V=\frac{1\times10^{-6}}{20}\times\frac{1}{300}$ m^3，故$d=\frac{V}{S}=5\times10^{-10}$ m。

8.答案　(1)AC　(2)5×10^{-7}　40　1.25×10^{-10}

［解析］　(1)油酸分子直径$d=\frac{V}{S}$，计算结果明显偏大，可能是V偏大

或S偏小。若油酸未完全散开，所测S偏小，d偏大，A正确；若油酸中含有大量的酒精，不影响结果，B错误；若计算油膜面积时舍去了所有不足一个的方格，则S偏小，d偏大，C正确；若求每滴溶液体积时，1 mL的溶液的滴数多记了10滴，则V偏小，d偏小，D错误。

(2)每一滴油酸酒精溶液中含有纯油酸的体积为

$V=\frac{0.1}{1000}\times\frac{1}{200}$ mL$=5\times10^{-7}$ mL，

油膜的面积$S=40\times1\ \text{cm}^2=40\ \text{cm}^2$，

油酸分子直径$d=\frac{V}{S}=$

$\frac{5\times10^{-7}\times10^{-6}}{40\times10^{-4}}$ m$=1.25\times10^{-10}$ m。

课时作业3　分子运动速率分布规律

基础训练

1.答案　D

[解析]　某个小球落在哪个槽是无规律的，A错误；根据统计规律可知，大量小球在槽内的分布是有规律的，且大量小球落入槽内后不能均匀分布在各槽中，而是越接近漏斗形入口处的槽内，小球聚集得越多，B、C错误，D正确。

2.答案　BD

[解析]　通常情况下，气体分子间的距离很大，相互作用力可以忽略，气体分子能否视为质点应视问题而定，A错误，D正确；气体分子间除相互碰撞及与器壁的碰撞外，通常认为不受力的作用，可自由移动，B正确；气体对器壁的压强是由大量分子碰撞器壁产生的，C错误。

3.答案　D

[解析]　分子的速率分布遵循“中间多，两头少”的统计规律，即速率在分子平均速率附近的分子数最多，速率与平均速率差距越大的分子数越少，故D正确。

4.答案　C

[解析]　温度越高，分子的平均速率越大，从题图中可以看出曲线Ⅱ对应的分子的平均速率较大，故曲线Ⅱ对应的温度较高，C正确。

5.答案　C

[解析]　密闭容器中的气体由于自身重力产生的压强很小，可忽略不计。其压强是由气体分子频繁碰撞器壁产生的，大小由气体的温度和分子数密度决定，A、B错误，C正确；失重时，气体分子仍做无规则运动，气体对密闭容器的器壁仍然有压强，D错误。

6.答案　AD

[解析]　一定质量的某种气体，体积增大，则气体分子的数密度减小，压强不变，则气体分子的平均速率增大，A、D正确，B、C错误。

7.答案　BCD

[解析]　温度升高时，分子平均速率增大，但不是每个分子的速率都增大，A错误；气体分子的速率分布规律是“中间多、两头少”，B正确；从微观角度看，气体的压强由分子数密度和分子平均速率决定，C正确；温度不变，体积减小时，由气体压强的微观解释可知，压强一定增大，D正确。

能力提升

8.答案　D

[解析]　大量气体分子对容器壁频繁撞击产生了压强，①正确；由$p=\frac{F}{S}$知，②正确；由气体压强的微观解释及对体积和温度的理解可知，③④正确。故选D。

9.答案　C

[解析]　气体分子一直做无规则运动，但是由于在同一时刻向各个方向运动的概率相同，故对器壁在各个方向上的压强相等，A错误；温度升高时，气体分子的平均速率增大，但不是所有的气体分子速率都增大，B错误；气体体积不变，分子数密度不变，分子的平均速率越大，则气体的压强越大，C正确；气体压强由气体分子数密度和分子平均速率共同决定，D错误。

10.答案　AB

[解析]　体积不变，气体分子数密度不变，压强增大时，气体分子的平均速率一定增大，A正确；温度不变，气体分子的平均速率不变，压强减小时，气体分子的数密度减小，故B正确；压强不变，温度降低时，气体分子的平均速率减小，则气体分子的数密度增大，故C错误；温度升高，压强、体积中至少有一个会发生改变，故D错误。

11.答案　ACD

[解析]　分子的平均速率取决于温度，温度越高，分子的平均速率越大，但对于任一个氦气分子来说并不一定成立，故A正确，B错误；分子的速率分布遵从“中间多、两头少”的统计规律，温度较高时速率大的分子数一定多于温度较低时速率大的分子数，C正确；A中氦气的压强低于B中氦气的压强，由气体压强的微观解

释可知,D正确。

12.答案　ABD

［解析］　一定质量的气体压强由温度和体积共同决定,体积减小,温度变化不明确,故气体压强变化不明确,A正确;一定质量的气体温度不变,压强增大时,其分子数密度必增大,则体积必减小,B正确;气体的压强是由气体分子频繁地撞击器壁而产生的,C错误;一定质量的气体温度降低,分子的平均速率减小,单个分子与器壁碰撞对器壁的平均作用力减小,而压强不变,则单位时间分子对器壁单位面积平均碰撞的次数增加,故D正确。

13.答案　将相同数量的豆粒先后从不同高度在相同时间内连续释放,使它们落在秤盘上　将不同数量的豆粒先后从相同高度在相同时间内连续释放,使它们落在秤盘上。

［解析］　为了模拟演示气体压强与气体分子的平均速率的关系,应控制分子的密集程度相同,即将相同数量的豆粒先后从不同高度在相同时间内连续释放,使它们落在秤盘上;为了模拟演示气体压强与气体分子密集程度的关系,应控制分子的平均速率相同,即将不同数量的豆粒先后从相同高度在相同时间内连续释放,使它们落在秤盘上。

课时作业4　分子动能和分子势能

基础训练

1.答案　A

［解析］　温度是分子平均动能的标志,温度升高,分子的平均动能增大,但不是每个分子的动能都增大,A正确,B错误;物体内能增大,可能只是分子势能增大,分子的平均动能不变,这时温度不变,故C错误;甲物体的温度比乙物体高,则甲物体内分子的平均动能比乙物体内分子的平均动能大,由于甲、乙两物体的分子质量关系不确定,故无法确定甲、乙两物体内分子的平均速率关系,D错误。

2.答案　AB

［解析］　因温度是分子平均动能的标志,故当氢气和氧气的温度相同时,二者分子的平均动能相等,A正确。因为氢气和氧气的分子质量不同,分子的平均动能相等,由$\overline{E}_k=\frac{1}{2}mv^2$可得,两种气体分子的平均速率不同,分子质量大的平均速率小,故B正确,D错误。虽然两种气体分子的平均动能相等,但由于两种气体的质量关系不确定,即分子数目关系不确定,两种气体分子热运动的总动能关系也就不确定,故C错误。

3.答案　BCD

［解析］　温度是分子热运动平均动能的标志,温度升高,分子的平均动能增大,但并不能说明每个分子的动能都增大,A错误,B、C正确;铜分子的质量一定,分子的平均动能增大,则分子的平均速率也增大,D正确。

4.答案　C

［解析］　根据题意,两个分子相距无穷远时分子势能为零,当两个分子越来越近时,分子间引力做正功,分子势能减小,当$r=r_0$时,分子势能减小到最小,但不为零,故B错误;分子间作用力为引力时,体积增大,分子间距增大,分子间引力做负功,分子势能增大,故C正确;分子间作用力为斥力时,体积增大,分子间距增大,分子间斥力做正功,分子势能减小,同理可知,体积缩小,分子势能增大,故A、D错误。

5.答案　BD

［解析］　根据物体的内能的定义,物体的内能是物体内所有分子的热运动动能与分子势能的总和,A错误,B正确。物体的机械能变化时,内能不一定变化,二者没有必然联系,因而C错误,D正确。

6.答案　C

［解析］　分子热运动的平均动能与温度有关,温度越高,分子热运动的平均动能越大,内能由物质的量、温度和体积共同决定,并且内能是状态量,而热量是过程量,它表示热传递过程中转移的能量,故A、B错误,C正确。内能的大小与物体的动能无关,D错误。

7.答案　见解析

［解析］　(1)当分子间距离为r_0时,分子间作用力为零。当分子间距离小于r_0时,分子间的作用力表现为斥力,要减小分子间的距离必须克服斥力做功,因此,分子势能随分子间距离的减小而增大。当分子间距离大于r_0时,分子间的相互作用力表现为引力,要增大分子间的距离必须克服引力做功,因此,分子势能随分子间距离的增大而增大。

从以上两种情况综合分析,分子间距离以r_0为数值基准,分子间距离不论减小或增大,分子势能都增大。所以说,在平衡位置处($r=r_0$位置)分子势能最小。

(2)由图可知,分子势能为零的点选在了两个分子相距无穷远的位置。因为在平衡位置处分子势能最小,据图也可以看出,在这种情况下分子势能可以大于零,也可以小于零,也可以等于零。

(3)因为在平衡位置处分子势能最小,显然,如果选两个分子相距r_0时分子势能为零,其他位置分子势能将都大于零。

能力提升

8.答案　BC

[解析]　分子间作用力F与分子间距离r的关系是:当$r<r_0$时F为斥力;当$r=r_0$时$F=0$;当$r>r_0$时F为引力。综上可知,当两分子由相距较远逐渐达到最近的过程中,分子间作用力是先增大再减小,然后又增大,A错误。分子间距离减小的过程中,分子间作用力为引力时做正功,分子势能减小,分子动能增大,分子间作用力为斥力时做负功,分子势能增大,分子动能减小,故B、C正确,D错误。

9.答案　B

[解析]　物体的内能与物体的机械运动无关,故A错误。当气体的体积不变而温度降低时,气体的分子势能不变,分子的平均动能减小,气体的内能减小,故B正确。物体的温度和体积均发生变化时,物体内的分子势能和分子的平均动能都发生变化,其内能可能不变,故C错误。任何物体都具有内能,故D错误。

10.答案　BD

[解析]　当分子间距离为r_0时,分子势能最小,则$x_2=r_0$,故乙分子在P点时分子间作用力为零,加速度为零,处于平衡状态,由于两分子所具有的总能量为0,故乙分子在P点时,其动能为E_0,A、C错误,B正确;由于分子动能不可能为负值,故分子势能最大为零,即乙分子的运动范围为$x\geqslant x_1$,D正确。

11.答案　D

[解析]　由图乙可知,B分子在从x_0到x_1过程中向右做加速运动,说明开始时两分子间作用力为斥力,在x_1处速度最大,加速度为零,即两分子间的作用力为零,根据A、B运动的对称性可知,此时A、B分子间的距离为$2x_1$,故A、B错误;由图乙可知,两分子运动到无穷远处的速度大小均为v_2,在无穷远处的总动能为$2\times\frac{1}{2}mv_2^2=mv_2^2$,由题意可知,无穷远处的分子势能为零,由能量守恒定律可知,释放时A、B系统的分子势能为mv_2^2,故C错误;由能量守恒定律可知,当两分子速度最大即动能最大时,分子势能最小,且最小分子势能为$E_{pmin}=mv_2^2-mv_1^2$,故D正确。

章末测试题

1.答案　B

[解析]　除有机大分子外,分子直径的数量级为10^{-10} m,B正确。由于气体分子间的距离远大于分子直径,用$d=\sqrt[3]{\frac{V}{N_A}}$求出的是分子间的距离,而非分子的直径,故分子的直径不能用上式代入数据求解。

2.答案　B

[解析]　布朗运动是悬浮在液体中的微粒即宏观粒子的运动,其运动同样遵循牛顿运动定律,A错误;布朗运动虽然是微粒的运动,但却反映了液体分子的无规则运动,B正确;布朗运动无法用肉眼直接看到,空气中的微尘的运动是受小范围气旋的影响,不是布朗运动,C错误;热运动指分子的无规则运动,布朗运动不能称为热运动,故D错误。

3.答案　D

[解析]　抽去玻璃板后,空气与二氧化氮两种气体接触,发生扩散现象,过一段时间空气、二氧化氮气体会均匀分布在上、下两广口瓶中,颜色均匀一致,都呈淡红棕色,A、B、C错误,D正确。

4.答案　C

[解析]　分子热运动的剧烈程度由温度决定,温度越高,热运动越剧烈,与物体的机械运动无关,A错误,C正确。水凝结成冰后,温度降低,水分子热运动的剧烈程度减小,但不会停止,B错误。水的温度升高,水分子运动的平均速率增大,但并不是每一个水分子的运动速率都增大,D错误。

5.答案　B

[解析]　由布朗运动和扩散现象易知A、D正确;由分子间作用力随分子间距离变化的规律知,当r由r_0增大时,分子间作用力F先增大后减小,B错误;当r由小于r_0处增大时,分子间作用力先表现为斥力后表现为引力,先做正功后做负功,分子势能先减小后增大,C正确。

6.答案　B

[解析]　分子间作用力F的特

点是：$r<r_0$时F为斥力，$r=r_0$时$F=0$，$r>r_0$时F为引力；分子势能E_p的特点是：$r=r_0$时E_p最小，因此只有B正确。

7.答案　D

［解析］　相同的容器分别装有等质量的同种气体，说明它们所含的气体分子总数相同，且气体体积相同，则分子数密度相同，B错误；压强不同，一定是因为两容器中气体分子平均动能不同造成的，压强小的容器中分子的平均动能一定较小，温度较低，故A、C错误；压强大的容器中气体分子对器壁单位面积的平均作用力比较大，故D正确。

8.答案　B

［解析］　水蒸气是气体，在标准状况下的摩尔体积$V_{mol}=22.4\times10^{-3}\ m^3/mol$，平均每个水蒸气分子所占空间的体积$V=\frac{V_{mol}}{N_A}$，把每个分子所占空间看成一个小立方体，分子间距等于每个小立方体的边长，即$d=\sqrt[3]{V}\approx3.34\times10^{-9}$ m。液体水分子的摩尔体积$V_0=\frac{M_{mol}}{\rho}$，若建立液态水分子的球模型，有$\frac{1}{6}\pi D^3=\frac{V_0}{N_A}$，水分子的直径$D\approx3.85\times10^{-10}$ m，所以$\frac{d}{D}\approx8.7$，故选B。

9.答案　AB

［解析］　根据分子动理论可知，A、B正确。空气压缩到一定程度很难再压缩不是因为分子间斥力的作用，而是由于空气压缩到一定程度时，气体分子频繁撞击活塞产生的压强增大的较大，压力较大，气体分子间距离大于平衡距离，分子间作用力表现为引力，C错误。磁铁吸引铁屑是磁场力的作用，不是分子力的作用，D错误。

10.答案　BD

［解析］　根据题意，每一滴油的体积为$\frac{V}{n}$，油膜厚度即油分子直径为$D=\frac{V}{nS}$，A错误，B正确；将油分子看作球形，每一个油分子的体积$V_0=\frac{\pi D^3}{6}=\frac{\pi V^3}{6n^3S^3}$，一个油分子的质量为$m_0=\rho V_0=\frac{\rho\pi V^3}{6n^3S^3}$，阿伏加德罗常数为$N_A=\frac{M}{m_0}=\frac{6n^3MS^3}{\pi\rho V^3}$，故C错误，D正确。

11.答案　ABC

［解析］　图中两条曲线下的面积均为1，A正确；温度是分子平均动能的标志，温度越高，分子的平均动能越大，虚线为氧气分子在0 ℃时的情形，分子平均动能较小，实线为氧气分子在100 ℃时的情形，B、C正确；由题图可知，与0 ℃时相比，100 ℃时氧气分子速率出现在0～400 m/s区间内的分子数占总分子数的百分比较小，D错误。

12.答案　BC

［解析］　温度不变，分子的平均动能不变，分子的平均速率不变，但并不是每个分子的速率都不变，B正确，A错误；气体体积增大，气体分子的数密度减小，由气体压强的微观解释可知，气体压强减小，活塞内外的压强差增大，活塞缓慢移动，始终平衡，故水平拉力F逐渐变大，C正确，D错误。

13.答案　甲　乙

［解析］　由题图可看出，图乙中炭粒的无规则运动更明显，表明图甲中炭粒更大或水分子运动不如图乙中剧烈。

14.答案　(1)7.74×10^{-2}

(2)1.2×10^{-11}

(3)1.6×10^{-10}

［解析］　(1)数出在油膜轮廓范围内的小方格数（多于半个的算一个，不足半个的舍去不算）为86，油膜面积约为$S=86\times(3.0\times10^{-2}\ m)^2=7.74\times10^{-2}\ m^2$。

(2)因50滴油酸酒精溶液的体积为1 mL，且溶液中纯油酸的体积浓度为$\eta=0.06\%$，故每滴油酸酒精溶液含纯油酸的体积为$V_0=\frac{V}{N}\eta=\frac{1}{50}\times0.06\%\times10^{-6}\ m^3=1.2\times10^{-11}\ m^3$。

(3)把油酸薄膜的厚度视为油酸分子的直径，可估算出油酸分子的直径为$d=\frac{V_0}{S}=\frac{1.2\times10^{-11}}{7.74\times10^{-2}}\ m\approx1.6\times10^{-10}$ m。

15.答案　(1)4.8×10^{-26} kg

(2)6.5×10^{-4} kg

(3)1.3×10^{22}

［解析］　(1)$m=\frac{M}{N_A}=\frac{29\times10^{-3}}{6.0\times10^{23}}$ kg $\approx4.8\times10^{-26}$ kg。

(2)$m_{空}=\rho V_{瓶}=\frac{MV_{瓶}}{V_m}\approx6.5\times10^{-4}$ kg。

(3)分子数$N=nN_A=\frac{V_{瓶}}{V_m}\cdot N_A=\frac{500\times10^{-6}}{22.4\times10^{-3}}\times6.0\times10^{23}\approx1.3\times10^{22}$。

16.答案　(1)2.82×10^{-10} m

(2)8.25×10^{-10} N

［解析］　(1)因为铁的摩尔质量$M=55.58\times10^{-3}$ kg/mol所以铁原子的体积$V_0=\frac{M}{\rho N_A}=\frac{55.58\times10^{-3}}{7.92\times10^3\times6.02\times10^{23}}\ m^3$

$\approx 1.17\times10^{-29}\ \mathrm{m}^3$铁原子直径$d=\sqrt[3]{\dfrac{6V_0}{\pi}}\approx$ 2.82×10^{-10} m。

(2)因原子力的作用范围在10^{-10} m数量级，阻止拉断的原子力主要来自于断开截面上的所有原子对。当铁晶上的拉力分摊到一对铁原子上的力超过拉伸过程中的原子间最大原子力时，铁晶就被拉断。

单个原子球的截面积$S=\dfrac{\pi d^2}{4}\approx$ $6.24\times10^{-20}\ \mathrm{m}^2$

铁晶断面面积$S'=\dfrac{\pi D^2}{4}\approx 2.01\times$ $10^{-12}\ \mathrm{m}^2$

断面上排列的铁原子数$N=\dfrac{S'}{S}\approx$ 3.2×10^7

所以拉断过程中最大铁原子力f $=\dfrac{F}{N}=\dfrac{0.0264}{3.2\times10^7}$ N$=8.25\times10^{-10}$ N。

17. 答案　(1)$E_{k0}-E_{p0}$　(2)见[解析]　(3)见[解析]

[解析]　(1)当B分子速度为零时，两分子间的势能最大，根据能量守恒定律有$E_{pm}=E_{k0}-E_{p0}$。

(2)由E_p-r图像可知，当两分子间势能为E_{pm}时，B分子对应r_1和r_2两个位置坐标，则B分子的活动范围为$\Delta r=r_2-r_1$，如图所示。

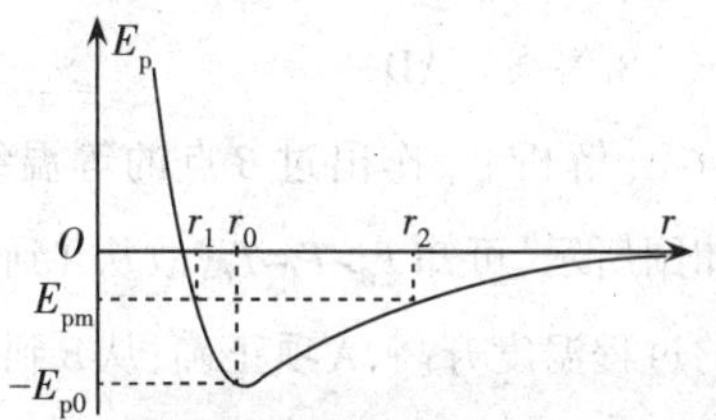

(3)当物体温度升高时，分子在r_0时的平均动能增大，E_{pm}增大，分子的活动范围Δr将增大，由E_p-r图像可以看出，曲线两边不对称，当$r<r_0$时曲线较陡，当$r>r_0$时曲线较缓，导致分子的活动范围主要向$r>r_0$方向偏移，从宏观来看物体的体积膨胀。

第二章　气体、固体和液体

课时作业1　温度和温标

基础训练

1.BCD

2.A

3.B

[解析]　处于非平衡状态的系统也有状态参量，而且参量会发生变化。经过足够长的时间，系统若不受外界影响就会达到平衡状态，各部分状态参量将会相同，故B项正确，A、C项错误；处于热传递过程中的两系统处于非平衡状态，故D项错误。

4.BC

[解析]　由于两个系统原来处于热平衡状态，温度相同，当分别升高5 ℃和5 K后，温度仍相同，两个系统仍为热平衡状态，故A错误、B正确；由于温度发生了变化，系统的状态也发生了变化，故C正确、D错误。

5.A

[解析]　已知$t=-271$ ℃，根据热力学温度与摄氏温度的关系$T=t+273.15$ K得$T=-271$ K$+273.15$ K$=2.15$ K，故A正确。

6.D

[解析]　每升高(或降低)1 K等价于升高(或降低)1 ℃，故A正确；热力学温度的0 K是摄氏温度的-273.15 ℃，因此B正确；热力学温度的零度只能无限接近，却不可能达到，且趋近绝对零度时，气体液化或凝固，但有体积，故C对、D错。

7.AD

[解析]　温度是表示物体冷热程度的物理量，但人们对物体冷热程度的感觉具有相对性，A正确、B错误；热传递的方向是热量自发地从温度较高的物体传向温度较低的物体，而热量是过程量，不能说物体含有热量，C错误、D正确。

8.C

[解析]　每格表示的摄氏度为$\dfrac{100}{200}$ ℃$=0.5$ ℃，比冰熔点高出的温度为$(150-50)\times0.5$ ℃$=50$ ℃，C正确，A、B、D错误。

能力提升

9.C

[解析]　要测量冰下水的温度，必须使温度计与冰下的水达到热平衡时，再读出温度计的示数，可隔着冰又没法直接读数，把温度计取出来，显示的又不是原热平衡状态下的温度，所以选项A、D的做法错误，选项C的做法正确．对于选项B的做法，饮水瓶提出后，再用温度计测，这时，周围空气也参与了热交换，不是原来的热平衡，测出的温度不再是冰下水的温度了。

10.C

[解析]　该温度计是利用气体热胀冷缩原理制成的，温度升高时烧瓶内气体膨胀，有色水柱上升；温度降低时烧瓶内气体收缩，有色水柱下降，已知A、D间的测量范围为20~80 ℃，可得A点对应80 ℃，D点对应

20 ℃，A、D间刻度均匀分布，每格表示$\frac{80\ ℃-20\ ℃}{15}=4\ ℃$，则有色水柱下端温度为20 ℃+3×4 ℃=32 ℃，故C正确。

11.D

［解析］ 由于水的密度和温度关系的曲线是不规则曲线，如果选水为测温物质，则温度计刻度不均匀；汞的密度与温度呈规则的线性关系，选汞为测温物质，温度计刻度均匀。故正确答案为D。

12.ABC

［解析］ 铜的热膨胀系数比铁的热膨胀系数大，温度升高时，双金属片的弯曲程度在增大，指针按顺时针方向转动.双金属温度计是利用热膨胀系数不同的铜、铁两种金属制成的双金属片的弯曲程度随温度变化的原理来工作的，A、B正确；如题图甲所示，加热时，双金属片弯曲程度增大，即进一步向上弯曲，说明双金属片下层热膨胀系数较大，即铜的热膨胀系数较大，C正确；如题图乙所示，温度计示数是顺时针方向增大，说明当温度升高时，温度计指针按顺时针方向转动，则其双金属片的弯曲程度在增大，故可以推知双金属片的内层一定是铁，外层一定是铜，D错误。

13.见解析

［解析］ 不对.由于铁棒和木头都与周围的环境达到热平衡，故它们的温度是一样的。感觉到铁棒特别凉，是因为人在单位时间内传递给铁棒的热量比传递给木头的热量多，所以他的结论不对。

课时作业2　气体的等温变化

基础训练

1.答案　B

［解析］ 利用等压面法，选管外水银面为等压面，则封闭气体压强$p+p_h=p_0$，得$p=p_0-p_h$，即$p=(H-h)$ cmHg，故B项正确。

2.答案　B

3.答案　B

［解析］ 由题图可知空气被封闭在细管内，洗衣缸内水位升高时，气体体积减小，根据玻意耳定律，气体压强增大，B选项正确。

4.答案　BC

［解析］ 温度是分子平均动能的标志，由于温度T不变，故分子的平均动能不变，

据玻意耳定律得$p_1V_1=2p_1V_2$，得$V_2=\frac{1}{2}V_1$

$\rho_1=\frac{m}{V_1}$，$\rho_2=\frac{m}{V_2}$

即$\rho_2=2\rho_1$，故B、C正确。

5.答案　B

［解析］设大气压强为p_0，对图1中的玻璃管，它沿斜面向上做匀减速直线运动，设加速度大小为a_1，以水银柱为研究对象，根据牛顿第二定律得$p_0S+mg\sin 30°-p_1S=ma_1$

以水银柱和玻璃管为整体，据牛顿第二定律有$Mg\sin 30°=Ma_1$

联立解得$p_1=p_0$

对图2中玻璃管，它自由下落，设其加速度大小为a_2，以水银柱为研究对象，根据牛顿第二定律得$p_0S+mg-p_2S=ma_2$

以水银柱和玻璃管为整体，据牛顿第二定律有$Mg=Ma_2$

联立解得$p_2=p_0$

对图3中的玻璃管，它在水平转台上做匀速圆周运动，以水银柱为研究对象得$p_3S-p_0S=ma_n$

则$p_3>p_0$

综上可得$p_1=p_2=p_0<p_3$

根据玻意耳定律$pV=C$

得$L_1=L_2>L_3$

故B项正确，A、C、D三项错误.故选B。

6.答案　A

［解析］ 由题意可知，向左前轮胎打气过程中，气体温度不变，根据玻意耳定律有$2.0p_0V+3p_0V_0=2.5p_0V$

解得，向左前轮胎中内打入气体的体积为$V_0=\frac{V}{6}$；故选A。

7.答案　B

［解析］ 由$p_1V_1=p_2V_2$得$p_1V_0=p_0(V_0+V)$，因V_0=20 L，则V=380 L，即容器中剩余20 L压强为p_0的气体，而同样大气压下气体的总体积为400 L，所以剩余气体的质量与原来气体质量之比等于同压下气体的体积之比，即$\frac{20}{400}=\frac{1}{20}$，B项正确。

能力提升

8.答案　AD

［解析］ 作出过B点的等温线如图所示，可知$T_B>T_A=T_C$，故从A到B的过程温度升高，A项正确；从B到C的过程温度降低，B项错误；从A到C的过程温度先升高后降低，C项错误；A、C两点在同一等温线上，D项正确。

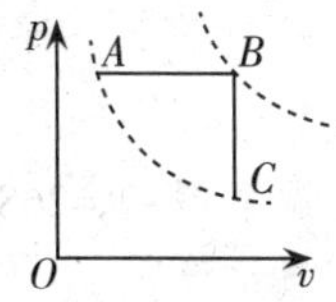

9.答案　C

［解析］　开口向上的竖直位置的压强：$P_1=P_0+\rho gh$；水平位置时的气体的压强：$P_2=P_0$；可知随转到水平位置的过程中，气体的压强减小，体积增大。故图像D能正确反映气体的状态的变化。故A错误，B错误，D错误，C正确。

10.答案　B

［解析］设大气压为p_0，由题图可知，右侧封闭气体压强$p=p_0+\rho gh_{右}=p_0+\rho gh$

向右管内注入一些水银，$h_{右}$变大，则p变大，p_0不变，由$p=p_0+\rho gh$

可知，h变大，气体温度不变，压强p变大，由玻意耳定律$pV=C$可知，气体体积减小，故A、C、D错误，B正确。

11.答案　$\frac{(H-h)(p_0S+G)}{H}$

［解析］　以密闭气体为研究对象，初状态：压强$p_1=p_0+\frac{G}{S}$，体积$V_1=hS$，末状态：压强$p_2=p_0+\frac{G-F}{S}$，体积$V_2=HS$. 由玻意耳定律得$p_1V_1=p_2V_2$，$(p_0+\frac{G}{S})hS=(p_0+\frac{G-F}{S})HS$，解得$F=\frac{(H-h)(p_0S+G)}{H}$。

12.答案　防止漏气　C　$\frac{1}{V}$　②　漏气

［解析］　(1)实验操作中，活塞上均匀涂抹润滑油，主要目的是为了防止漏气。

(2)为了保持封闭气体的温度恒定，可行的措施为缓慢推动活塞，这样能使注射器中气体温度始终与环境温度一致，C正确。

故选C。

(3)由理想气体状态方程可得$p=CT\cdot\frac{1}{V}$，为直观反映压强与体积之间的关系，若以p为纵坐标，则应以$\frac{1}{V}$为横坐标在坐标系中描点作图。压缩气体的过程V减小，$\frac{1}{V}$增大，由于p与V的乘积减小，故压强增大的越来越慢，图线应为图乙中的②，造成该现象的原因可能是漏气。

13.答案　①29 cm　②$\frac{425}{57}$ cm

［解析］　①开始时气体Ⅱ的压强p_1=75 cmHg+20 cmHg=95 cmHg

设倒入水银柱的长为L cm，则当B水银柱左右两边液面相平时，气体Ⅱ的压强为p_2=75 cmHg+10 cmHg+L cmHg=(85+L)cmHg

气体Ⅱ这时的长为h_1=25 cm，则有$p_1\times 3hS=p_2h_1S$，解得L=29 cm

即左管中倒入的水银柱的长为29 cm

②对于气体Ⅰ，开始的压强

p_1'=75 cmHg+10 cmHg+85 cmHg

倒入水银后的压强

p_2'=85 cmHg+29 cmHg=114 cmHg

气体发生等温变化，则有

$p_1'hS=p_2'hS$

解得$h'=\frac{425}{57}\text{ cm}\approx 7.46\text{ cm}$

课时作业3　气体的等压变化和等容变化

基础训练

1.答案　D

［解析］　冬季气温较低，瓶中的气体体积V不变时，由查理定律知温度T减小而使压强p减小，这样瓶外的大气压力将瓶塞往下推，使瓶塞盖得紧紧的，所以拔起来就感到很吃力，故D项正确。

2.答案　B

［解析］　冷藏室气体的初状态：T_1=(273+27) K=300 K，$p_1=1\times10^5$ Pa

末状态：T_2=(273+7) K=280 K，压强为p_2

气体体积不变，根据查理定律得：$\frac{p_1}{T_1}=\frac{p_2}{T_2}$

代入数据得：$p_2\approx0.93\times10^5$ Pa。

3.答案　AB

［解析］　气体分子大小和相互作用力可以忽略不计，也可以不计气体分子与器壁碰撞的动能损失，这样的气体称为理想气体。它是理论上假想的一种把实际气体的性质加以简化的气体。理想气体在任何情况下都严格遵守气体实验定律，也就是说，实际气体并不严格遵循这些定律，只有在温度不太低，压强不太大时，才可近似处理。一般可认为温度不低于零下几十摄氏度、压强不超过大气压的几倍时的气体为理想气体。故A、B正确，C、D错误。

4.答案　B

［解析］　由盖-吕萨克定律可得$\frac{V_1}{V_2}=\frac{T_1}{T_2}$，代入数据可知，$\frac{1}{3}=\frac{300\text{ K}}{T_2}$，得

T_2=450 K。所以升高的温度 Δt=150 K=150 ℃。

5.答案　A

［解析］　气体从状态A变化到状态B，发生等温变化，p与V成反比，$V_A>V_B$，所以$p_A<p_B$；从状态B到状态C，气体发生等容变化，压强p与热力学温度成正比，$T_B<T_C$，所以$p_B<p_C$，故选项A正确。

6.答案　A

［解析］　$a\to b$过程中，气体发生等压变化，根据盖-吕萨克定律$\frac{V}{T}=C$可知气体温度降低，体积变小，故A正确；$b\to c$过程中，气体发生等温变化，根据玻意耳定律$pV=C$可知压强减小，体积增大，故B错误；$c\to a$过程中，由题图可知p与T成正比，则气体发生等容变化，根据查理定律$\frac{p}{T}=C$可知压强增大，温度升高，故C、D错误。

7.答案　ABD

［解析］　在p-t图像上，等容线的延长线与t轴的交点坐标为(−273 ℃，0)，从图中可以看出，0 ℃时气体压强为p_0，因此直线AB的斜率为$\frac{p_0}{273}$，A、B、D正确；在接近0 K时，气体已液化，因此不满足查理定律，压强不为零，C错误。

能力提升

8.答案　B

［解析］　以温度为7℃时室内的所有气体为研究对象，发生等压变化时，根据盖-吕萨克定律有

$$\frac{V_0}{273\ \text{K}+7\ ℃}=\frac{V}{273\ \text{K}+27\ ℃}$$

得出气体在27 ℃时的体积$V=\frac{15}{14}V_0$

则室内的空气质量减少了$\frac{V-V_0}{V}=\frac{1}{15}=6.7\%$；故选B。

9.答案　B

［解析］　本题涉及到两部分气体，水银柱的移动由两部分气体的压强差决定。可以先假设水银柱不动，A、B两部分气体都做等容变化，分别研究它们的压强变化。对A有$\frac{p_A}{t_A}=\frac{p'_A}{t_A+\Delta t}$得$p'_A=\frac{t_A+\Delta t}{t_A}p_A$

对B有$\frac{p_B}{t_B}=\frac{p'_B}{t_B+\Delta t}$

得$p'_B=\frac{t_B+\Delta t}{t_B}p_B$

由于开始时水银柱恰好在管的中央静止，则开始有$p_A=p_B$，$t_A>t_B$

则有$\frac{t_A+\Delta t}{t_A}<\frac{t_B+\Delta t}{t_B}$所以$p_A'<p_B'$，则水银柱将向左移动。

10.答案　(1)6.5 mL　(2)0.1 kg

［解析］　(1)由盖-吕萨克定律得$\frac{V_0}{T_0}=\frac{V_1}{T_1}$，解得$V_1$=6.5 mL

(2)由玻意耳定律得$(p_0+\frac{m_0g}{S})V_1=\left[p_0+\frac{(m+m_0)g}{S}\right]V_0$，解得$m$=0.1 kg。

11.答案　(1)133 cmHg

(2)−5.0℃

［解析］(1)图示位置空气柱的压强$p_1=p_0+p_h$=(75+58)cmHg=133 cmHg。

(2)对空气柱：初态：p_1=133 cmHg，$V_1=4S$，T_1=(273+87)K=360 K。

末态：$p_2=p_0+p_{h'}$=(75+57) cmHg=132 cmHg，

$V_2=3S$。

由理想气体状态方程$\frac{p_1V_1}{T_1}=\frac{p_2V_2}{T_2}$，

代入数据解得：T_2=268.0 K，则t_2=−5.0 ℃

12.答案　(1)123 ℃；(2)$\frac{8}{25}$

［解析］　根据理想气态方程$\frac{p_0V_0}{T_0}=\frac{1.2p_0 1.1V_0}{T_1}$

解得$T_1=396$ K即$t_1=123$ ℃

(2)根据题意得$1.2p_0\times1.1V_0=p_0V'$

解得$\frac{V'-V_0}{V_0}=\frac{8}{25}$

得$\frac{\Delta m}{m_0}=\frac{V'-V_0}{V_0}=\frac{8}{25}$

13.答案　(1)297 K；(2)309 K

［解析］(1)由电子天平示数为600.0 g时，则细绳对铁块拉力为

$\Delta mg=(m_2-m_{示})g=m_1g$

又：铁块和活塞对细绳的拉力相等，则汽缸内气体压强等于大气压强

$p_1=p_0$①

当电子天平示数为400.0 g时，设此时汽缸内气体压强为p_2，对m_1受力分析有

$(m_2-400\ \text{g}-m_1)g=(p_0-p_2)S$②

由题意可知，汽缸内气体体积不变，则压强与温度成正比：

$\frac{p_1}{T_1}=\frac{p_2}{T_2}$③

联立①②③式解得

$T_2=297$ K

(2)环境温度越高，汽缸内气体压强越大，活塞对细绳的拉力越小，则电子秤示数越大，由于细绳对铁块的拉力最大为0，即电子天平的示数恰好为1200 g时，此时对应的环境温度为装置可以测量最高环境温度。

设此时汽缸内气体压强为p_3，对m_1受力分析有

$(p_3-p_0)S=m_1g$④

又由汽缸内气体体积不变，则压强与温度成正比

$\frac{p_1}{T_1}=\frac{p_3}{T_{max}}$⑤

联立①④⑤式解得$T_{max}=309$ K

专题　气体实验定律和理想气体状态方程的应用

基础训练

1.答案　BC

[解析] 气体的体积是所有气体分子运动占据的空间的体积之和，A错误；气体温度越高，气体分子的热运动就越剧烈，B正确；

气体对容器的压强是由大量气体分子对容器不断碰撞而产生的，C正确；在等温状态下，当气体膨胀时，气体压强一定减小，D错误。

2.答案　D

[解析] 根据理想气体状态方程得$\frac{p_aV_a}{T_a}=\frac{p_bV_b}{T_b}$得$\frac{V_a}{V_b}=\frac{p_bT_a}{p_aT_b}=\frac{1\times2}{3\times3}=\frac{2}{9}$，故选D。

3.答案　C

[解析] 由理想气体状态方程有

$\frac{p_BV_0}{273+27}=\frac{p_D\times5V_0}{273-133}$

解得$\frac{p_B}{p_D}=\frac{75}{7}$，故C正确，A、B、D错误。

4.答案　D

[解析] 由图可知，$A\to B$过程中气体体积增大，故A错误；$B\to C$过程温度升高，分子平均动能增大，并不是每个气体分子的速率都增大，故B错误；根据$\frac{P_AV_A}{T_A}=\frac{P_BV_B}{T_B}$代入数据得，A、B状态对应的气体压强之比为$\frac{P_A}{P_B}=\frac{9}{1}$，故C错误；$B\to C$温度升高，分子平均动能增大，平均速率增大，容器壁单位面积上的分子平均作用力变大，故D正确。

5.答案　B

[解析] 对气泡内的气体，在水底时有$p_1=p_0+\frac{30\times10^2}{13.6\times76}p_0=4$ atm，$T_1=277$ K，在水面时$p_2=1$ atm，$T_2=288$ K，则$\frac{p_1V_1}{T_1}=\frac{p_2V_2}{T_2}$，得$\frac{V_2}{V_1}=4$。

6.答案　(1)16 cm；(2)1.2×10^5Pa

[解析] (1)汽缸水平放置时$p_1=p_0=1\times10^5$Pa；$T_1=300$ K；$V_1=24$ cm$\times S=4.8\times10^{-4}$m^3

当汽缸竖直放置时$p_2=p_0+\frac{mg}{s}=1.2\times10^5$ Pa；$T_2=T_1=300$ K；$V_2=HS$

根据理想气体状态方程有$\frac{p_1V_1}{T_1}=\frac{p_2V_2}{T_2}$

解得$H=20$ cm

所以活塞与汽缸固定连接卡环之间的距离为16 cm

(2)假设加热到T_3时，恰好到达卡环处$p_3=p_2=p_0+\frac{mg}{s}=1.2\times10^5$Pa

$V_3=36$ cm$\times S=7.2\times10^{-4}$m^3

根据理想气体状态方程有$\frac{p_2V_2}{T_2}=\frac{p_3V_3}{T_3}$

解得$T_3=540$ K

所以加热到525 K时，活塞还没有到达卡环处；故此时封闭气体的压强为$p_3=1.2\times10^5$Pa

7.答案　96 ℃

[解析] 初始水银柱总高度为$h_1+h_2=4.0$ cm，封闭气体初始状态的压强$p_1=p_0+4.0$ cmHg=80 cmHg

气体初始状态的体积为$V_1=LS_2=44$ cm^3

温度$T_1=(57+273)$K=330 K

水银全部压入上管时水银柱高度为6.0 cm，此时封闭气体压强$p_2=p_0+6.0$ cmHg=79 cmHg

体积为$V_2=(L+h_2)S_2=48$ cm^3

由理想气体状态方程得$\frac{p_1V_1}{T_1}=\frac{p_2V_2}{T_2}$

解得$T_2=369$ K

可得$t_2=T_2-273=96$ ℃。

能力提升

8.答案　21 cm

[解析] 设弹簧原长为l，活塞截面积为S，弹簧劲度系数为k，由题意得$\frac{1.2p_0\times30S}{300}=\frac{p\times36S}{400}$①，$1.2p_0S=p_0S+k(0.3-l)$②，$pS=p_0S+k(0.36-l)$③，由①②③得$l=21$ cm。

9.答案　$V_A=\frac{7}{6}V_0$；$T_A=1.4T_0$

[解析] 设初态压强为p_0，膨胀后A、B压强相等$p_b=1.2p_0$；B中气体始末状态温度相等$p_0V_0=1.2p_0(2V_0-V_A)$

$V_A=\frac{7}{6}V_0$

A部分气体满足

$\frac{p_0V_0}{T_0}=\frac{1.2p_0V_A}{T_A}$

$T_A=1.4T_0$

10.答案　(1)350 K (2)10 cm

[解析] (1)初态压强$p_1=(76-16)$ cmHg=60 cmHg

末态时左右水银面高度差为$(16-2\times3)$ cm=10 cm，压强$p_2=(76-10)$ cmHg=66 cmHg

由理想气体状态方程$\frac{p_1V_1}{T_1}=\frac{p_2V_2}{T_2}$

解得$T_2=\frac{p_2V_2}{p_1V_1}T_1=\frac{66\times25}{60\times22}\times280$ K=350 K。

(2)设加入的水银高度为l，末态时左右水银面高度差$h'=(16+2\times2)-l$

由玻意耳定律$p_1V_1=p_3V_3$

式中$p_3=76-(20-l)$

解得$l=10$ cm。

11.答案　(1)$1.9H_0$(2)750 K

[解析]　(1)B中气体做等容变化，由查理定律得$\frac{p_B}{p_B'}=\frac{T_B}{T_B'}$，求得压强为$1.5p_0$时气体的温度$T_B'=450$ K

A中气体做等压变化，由于隔板导热，A、B中气体温度相等，A中气体温度也为450 K，

对A中气体有

$\frac{V_A'}{V_A}=\frac{T_A'}{T_A}$，$V_A'=\frac{T_A'}{T_A}V_A=\frac{T_B'}{T_A}V_A=0.9H_0S$，活塞距离缸底的高度为$1.9H_0$。

(2)当A中气体压强为$1.5p_0$，活塞将顶在卡环处对A中气体有$\frac{p_AV_A}{T_A}=\frac{p_A''V_A''}{T_A''}$，

得$T_A''=\frac{p_A''V_A''}{P_AV_A}T_A=750$ K，则B中气体温度也为750 K。

12.答案　(1)$\frac{10}{9}p_0$

(2)10.9%；$\frac{6}{55}V_0$

[解析]　(1)病房内气体发生等容变化，由查理定律可得$\frac{p_0}{T_0}=\frac{p_1}{T_1}$

解得$p_1=\frac{10}{9}p_0$；此时病房内的气压为$\frac{10}{9}p_0$

(2)抽气过程可看成等温变化，由玻意耳定律可得$pV_2=p_1V_0$；解得$V_2=\frac{55}{49}V_0$

需要抽掉的体积为$V_3=V_2-V_0=\frac{6}{49}V_0$

需抽取出气体的质量与原来气体质量的百分比为$\eta=\frac{V_3}{V_2}\approx10.9\%$

对抽出的气体，由理想气体状态方程可得$\frac{pV_3}{T_1}=\frac{p_0V}{T_0}$

解得$V=\frac{6}{55}V_0\left(V=0.109V_0\right)$

至少要抽掉的空气排到室外降温后的体积为$\frac{6}{55}V_0\left(V=0.109V_0\right)$

课时作业4　固体

基础训练

1.答案　BC

[解析]　只有晶体才有确定的熔点，只有单晶体才具有各向异性，B、C正确；多晶体和非晶体都具有各向同性，A错误；黄金是晶体，切割后分子结构不变，仍然是晶体，D错。

2.答案　D

[解析]并非所有晶体在各种物理性质上都表现出各向异性，故选项A错误。所有的晶体都有确定的熔点，而非晶体没有确定的熔点，故选项D正确。大颗粒的盐磨成细盐后，仍是晶体；金属都有确定的熔点，故选项B、C错误。

3.答案　BC

[解析]　晶体具有固定的熔点，在熔化过程中温度不变，但晶体在熔化过程中不断吸收热量，来增加其内能，故选项B、C正确。

4.答案　B

[解析]　某物体表现出各向异性是由组成物体的物质微粒在空间排列的规则性导致的，与分子数目无关，故选B。

5.答案　D

[解析]　烧热的针尖接触涂有蜂蜡薄层的云母片背面，熔化的蜂蜡呈椭圆形，只能说明云母片是晶体，故A错；同一种物质可以形成多种晶体，如碳可以形成金刚石和石墨，故B错；单晶体只在某些物理性质上表现出各向异性，并不是所有物理性质都表现出各向异性，故C错；玻璃是非晶体，因而没有确定的熔点和天然规则的几何形状，D对。

6.答案　B

[解析]　晶体有固定的熔点，熔化过程吸收的热量用于破坏空间点阵结构，因温度不变，所以分子动能不变，吸收的热量用于增加分子势能，内能增加，B正确。

7.答案　D

[解析]　物质的性质由物质微粒的微观结构决定，故D选项正确。

能力提升

8.答案　C

[解析]　电流表示数发生变化，说明圆板沿AB和CD两个方向的导电性能不同，即各向异性，所以圆板

是单晶体，故选项A、B、D错误，选项C正确。

9.答案　D

［解析］　晶体有确定的熔点，非晶体没有确定的熔点，石英是单晶体，有确定的熔点，有确定的几何形状，A、C错误，D正确；

沿垂直于x轴晶面上的压电效应最显著，其他方向不明显，故具有各向异性的压电效应，B错误。

10.答案　B

［解析］　根据雪花具有形状规则的几何形状，且雪花在熔化时，吸收热量温度不变，具有确定的熔点，所以雪花是单晶体，则单晶体具有各向异性的物理性质，A错误，B正确；平均动能与温度有关系，故0°C雪花的水分子的平均动能与0°C液态水分子的相同，C错误；雪花是固体颗粒，飞舞时，是宏观上的机械运动，不能说明分子在做无规则运动，D错误。

11.答案　B

［解析］　图甲中晶体中沿不同的方向上微粒排列的情况不同，故晶体在不同的方向上会表现出不同的物理性质，A正确，不符合题意；图乙为石墨的微观结构，B错误，符合题意；晶体的许多特性都与点阵结构有关，C正确，不符合题意；可通过物理变化用石墨获得石墨烯，可判断石墨烯与石墨一样均为晶体，D正确，不符合题意。故选B。

12.答案　BD

［解析］　固体可以分为晶体和非晶体两类，晶体、非晶体不是绝对的，是可以相互转化的，例如天然石英是晶体，熔融过的石英却是非晶体，所以选项A错误；多晶体是许多单晶体杂乱无章的组合而成的，所以多晶体没有确定的几何形状，选项B正确；单晶体沿不同的方向的导热或导电性能不相同，沿不同方向的光学性质也不相同，选项C错误；有的物质在不同条件下能够生成不同晶体，是因为组成它们的微粒能够按照不同规则在空间分布，选项D正确。

13.答案　见［解析］

［解析］　(1)题图中BC阶段表示该合金的熔化过程，说明有一定的熔点，所以这种合金在固态时是晶体；

(2)熔点为210 ℃；

(3)熔化过程用了$\Delta t=14-6=8$ min；

(4)BC段就是这种合金的熔化过程，合金处于固、液共存状态。

课时作业5　液体

1.答案　A

［解析］　船浮于水面上是由于浮力造成的，不是由于液体的表面张力造成的，故A符合题意；硬币或钢针能浮于水面上，是由于液体表面张力的作用，故B不符合题意；绸布伞浸湿后，虽然有缝隙，但是由于表面张力作用，使雨水漏不下来，故C不符合题意；表面张力可以使液体表面呈球形，锋利的玻璃片，用酒精灯烧一段时间后变钝了，是液体的表面张力造成的，故D不符合题意。

2.答案　B

［解析］　液晶是某些特殊的有机化合物，在某些方向上分子排列规则，某些方向上杂乱。液晶本身不能发光，所以选项A、C、D错误，选项B正确。

3.答案　BD

［解析］　液体对固体是否发生浸润现象，是由液体和固体共同决定的，A错；如果液体浸润容器壁就会形成凹面，且液体在容器中上升，B对；当液体和与之接触的固体的相互作用比液体分子之间的相互作用强时，就会形成浸润现象，C错；在处于完全失重状态的人造卫星上，如果液体浸润器壁，液体和器壁的附着层就会扩张，沿着器壁流散，故必须用盖子盖紧，D对。

4.答案　B

［解析］　液晶在某个方向上看，其分子排列比较整齐，但从另一方向看，分子的排列是杂乱无章的，选项A、C中分子排列非常有序，不符合液晶分子的排列规律，故A、C错误；选项B中分子排列比较整齐，但从另外一个角度看也具有无序性，符合液晶分子的排列规律，故B正确；选项D中，分子排列是完全无序的，不符合液晶分子的排列规律，故D错误。

5.答案　D

［解析］　因为水银不浸润玻璃，所以在完全失重的情况下，水银的形状只由表面张力决定。在表面张力作用下水银的表面积要收缩至最小，所以最终水银呈球形。

6.答案　A

［解析］　水能浸润毛巾，在地球上将湿毛巾能“拧干”是因为重力的作用，故A错误，符合题意；水是可以浸润毛巾的，毛巾中有很多的小缝隙，就相当于有很多的玻璃管，水会往毛巾缝隙扩散，干毛巾沾水变得完

全浸湿是毛细现象,故B正确,不符合题意;浸润指液体与固体发生接触时,液体附着在固体表面或渗透到固体内部的现象,此时对该固体而言,该液体叫做浸润液体.水对宇航员的手和液桥板都是浸润的,故C正确,不符合题意;“液桥”实验装置脱手后两液桥板最终合在一起,这是水的表面张力在起作用,故D正确,不符合题意。

7.答案 C

[解析] 水与甲管的现象叫做不浸润,水与乙管的现象叫做浸润,故A错误;水与甲管的相互作用比水分子之间的相互作用弱,表现为不浸润现象,故B错误;浸润液体在细管中上升的现象,以及不浸润液体在细管中下降的现象,称为毛细现象,两图现象均是毛细现象,故C正确;水会润湿乙管材料并附着在其表面上,不适合制作防水衣,故D错误。

8.答案 C

[解析] 晶体都有固定的熔点,晶体熔化时吸收热量但温度不变,所以其分子平均动能不变,故A错误;水黾可以在水面自由活动,是因为液体表面张力,故B错误;液晶显示器是利用液晶光学性质具有各向异性制成的,故C正确;由图可看出与左边材料浸润,与右边材料不浸润,不浸润液滴会因为表面张力呈球形,故D错误。

9.答案 D

[解析] 由于液体表面张力的作用,液体表面有收缩到最小的趋势,故D正确。

10.答案 BD

[解析] 表面张力是液体表面层分子间的相互作用,而不是液体各部分间的相互作用,故A错误;液体与大气相接触,液体表面层分子间距离大于液体内部分子间的距离,液面分子间的作用力表现为引力,选项B正确;表面张力产生在液体表面层,方向平行于液体表面,选项C错误;雨水不能透过布雨伞,是因为液体表面存在张力,选项D正确。

11.答案 C

[解析] 一种液体是否浸润某种固体与这两种物质的性质都有关系,肥皂水不能浸润蜂蜡或石蜡但可以浸润玻璃,故A错误;布朗运动是指悬浮在液体中的固体小颗粒的无规则运动,故肥皂泡的无规则运动不属于布朗运动,B错误;液体的表面张力有使液体的表面积减小到最小的趋势,肥皂泡在空中呈球状是由于液体表面张力引起的,故C正确;分子间同时存在着相互作用的斥力和引力,它们都随分子间距离的减小而增大,但斥力增加的快,故D错误。

12.答案 BCD

[解析] 液晶像液体一样具有流动性,其光学性质与某些晶体相似,具有各向异性,液晶的分子排列是不稳定的,外界的微小扰动就能引起液晶分子排列的变化,故A错误;同种物质可能以晶体和非晶体两种不同的形态出现,如金刚石和石墨,故B正确;插入水中的细玻璃管管内液面为凹面,是由于水与玻璃之间的相互作用比水分子之间的相互作用强,表现为浸润现象,液面呈凹面,故C正确;小草上的露珠呈球形,是由于水的表面层分子间距较大,分子力表现为引力,使水的表面收缩从而形成球形,故D正确。

13.答案 大于 先减小再增大

[解析] 在水滴表面层中,水分子之间的相互作用力表现为引力,所以距离大于r_0;若空间中两个水分子间距从无限远逐渐变小,直到等于r_0过程中,分子力做正功,分子势能减小;当分子间距等于r_0后再继续减小,分子力做负功,分子势能增加,故分子势能变化的趋势是先减小再增大。

章末测试题

1.答案 B

2.答案 D

[解析] 根据$pV=CT$,可知C不变,pV越大,T越高.状态在(5,5)处温度最高,在A和B状态时,pV乘积相等,说明在AB处的温度相等,所以从A到B的过程中,温度先升高,后又减小到初始温度,温度是分子平均动能的标志,所以在这个过程中,气体分子的平均动能先增大后减小,气体分子的平均速率也是先增大后减小,所以D正确。

3.答案 B

[解析] 固体可以分为晶体和非晶体两类,晶体有各向异性,有些晶体在不同的方向上具有不同的光学性质,A正确,不符合题意;将一块晶体敲碎后,得到的小颗粒还是晶体,B错误,符合题意;由同种元素构成的固体,可能会由于原子的排列方式不同而成为不同的晶体,例如石墨和金刚石,C正确,不符合题意;在合适的条件下,某些晶体可以转变为非

晶体，某些非晶体也可以转变为晶体，例如天然石英是晶体，熔融的石英后却是非晶体；把晶体硫加热熔化，到入冷水中，会变成柔软的非晶体硫，再经一些时间又会转变成晶体硫，D正确，不符合题意。

4.答案　D

［解析］　液晶具有各向异性，温度、压力、电磁作用可以改变液晶的光学性质，故A、B错误；液晶是介于晶体和液体之间的状态，选项C错误；在显示器方面的应用是液晶的主要应用方向，选项D正确。

5.答案　C

［解析］　在毛细现象中，毛细管中的液面有的升高，有的降低，这与液体的种类和毛细管的材质有关，选项A正确；脱脂棉脱脂的目的在于使它从不被水浸润变为可以被水浸润，以便吸取药液，选项B正确；烧热的针尖接触涂有蜂蜡薄层的云母片背面，熔化的蜂蜡呈椭圆形，说明云母片的物理性质具有各向异性，云母片是晶体，选项C错误；在空间站完全失重的环境下，水滴能收缩成标准的球形是因为液体表面张力的作用，选项D正确。

6.答案　B

［解析］　浸润液体会在细管里上升；附着层液体分子受到固体的引力大于液体内部对附着层分子引力时发生浸润现象；在建筑房屋时，砌砖的地基上要铺上一层油毡或涂过沥青的厚纸，这是为了阻断毛细管形成，减少毛细现象使地下水不易上升；农田里如果要保持地下水分，就要把地面的土壤锄松，可以减小毛细现象的发生，故③错误，①②④正确

7.答案　D

［解析］　在0 ℃到273 ℃的温度区间上应用盖—吕萨克定律分别研究气体a和b，可得到方程$\frac{v_a}{273+273}=\frac{0.3}{273}$，$\frac{v_b}{273+273}=\frac{0.1}{273}$，解得$v_a$=0.6 m³，$v_b$=0.2 m³，$\Delta v=v_a-v_b$=0.4 m³，正确选项为D。

8.答案　A

［解析］　理想气体状态方程$\frac{pV}{T}=C$　①

其中：$T=t+273$　②

联立得：$V=\frac{C\cdot(273+t)}{p}$　③

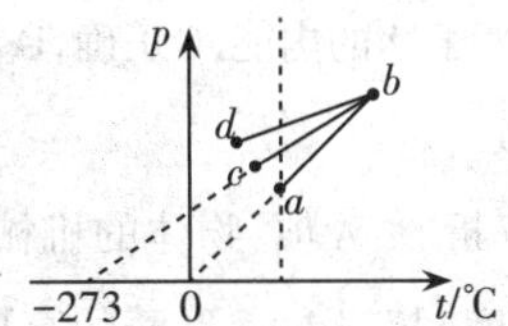

所以直线bc为等容变化的曲线；同时，过a点做等温线如图，由理想气体状态方程$\frac{pV}{T}=C$可知，在相等的温度下，压强越大，则体积越小。所以a点的体积最大，d点的体积最小。$a\to b$的过程体积减小，$b\to a$的过程体积增大，$b\to c$的过程是等容过程，$d\to b$的过程体积增大.故A正确，B、C、D错误。

9.答案　A

［解析］　设大气压强为p_0，由图示可知，封闭气体压强$p_{\mathrm{I}}=p_0-h$，$p_{\mathrm{II}}=p_{\mathrm{I}}+h=p_0$，当U形管做自由落体运动时，水银处于完全失重状态，对封闭气体不产生压强，封闭气体压强都等于大气压p_0；气柱I的压强变大，温度不变，由玻意耳定律可知，气体体积变小，气柱长度变小，右管中的水银面上升，故A正确，D错误；Ⅱ部分气体压强不变，温度不变，由理想气体状态方程可知，气体体积不变，气柱长度不变，左管中水银柱A不动，故B错误，C错误；故选：A。

10.答案　BCD

［解析］　由理想气体状态方程$\frac{pV}{T}=C$可知，压强增大即p增大，分子密集程度减小即V增大，故T一定变大，温度升高物体的分子平均动能一定增大，故A错误；同理可知，压强增大即p增大，分子密集程度增大即V减小，故T可能减小，所以分子平均动能可能减小，故B正确；同理可知，压强减小即p减小，分子密集程度减小即V增大，故T可能减小，所以分子平均动能可能减小，故C正确；同理可知，压强减小即p减小，分子密集程度增大即V减小，故T一定减小，分子平均动能减小，故D正确。

11.答案　ABD

管中封闭气体的压强$p=p_0+\rho gh_1=p_0+\rho gh_2$，则得$h_1=h_2$。若大气压升高时，封闭气体的压强增大，由玻意耳定律$pV=C$得知，封闭气体的体积减小，水银柱将发生移动，使h_1和h_2同时减小。故A正确；若环境温度升高，封闭气体的压强增大，体积也增大，h_1和h_2同时增大。故B正确；若把弯管向上移动少许，封闭气体的体积将增大。故C错误；若把弯管向下移动少许，封闭气体的体积减小，压强增大，故D正确。

12.答案　AC

［解析］　左边汽缸内气体初始压强$p_2=p_0+\frac{mg}{S}=1.1\times10^5$ Pa

右边汽缸内气体初始压强$p_1=p_0+$

$\frac{Mg}{S}=1.2\times10^5$ Pa

故打开阀门后左边活塞将上升，故A正确；右边气体全部进入左边汽缸，经历等温膨胀过程，由玻意耳定律有 $p_1\cdot\frac{1}{2}LS=p_2\Delta LS$ 解得 $\Delta L=24$ cm，故C正确。

13.答案　3天

［解析］　氧气瓶中的氧气初态，$p_1=20$ 个大气压，$V_1=0.16$ m³，中间状态 $p_2=2$ 个大气压，体积 V_2，末态 $p_3=1$ 个大气压，由等温变化 $p_1V_1=p_2V_2$，解得 $V_2=1.6$ m³，患者消耗2个大气压对应的体积 $V_1-V_2=1.44$ m³ 由等温变化 $p_2(V_1-V_2)=p_3V_3$ 得 $V_3=2.88$ m³，使用天数 $n=\frac{V_3}{0.96}=3$ 天

14.答案　见［解析］

［解析］　(1)设1个大气压下质量为 m 的空气在温度为 T_0 时的体积为 V_0，密度为 $\rho_0=\frac{m}{V_0}$；设温度为 T 的体积为 V_T，密度为 $\rho(T)=\frac{m}{V_T}$

由盖-吕萨克定律得 $\frac{V_0}{T_0}=\frac{V_T}{T}$

联立可得：$\rho(T)=\rho_0\frac{T_0}{T}$

气球受到的浮力为 $f=\rho(T_b)gV$

联立可得：$f=\frac{\rho_0gVT_0}{T_b}$；

(2)根据 $\rho(T)=\rho_0\frac{T_0}{T}$ 可得 $\rho(T_a)=\rho_0\frac{T_0}{T_a}$，气球内空气的重力为 $G=\rho(T_a)gV=\frac{T_0}{T_a}\rho_0gV$；

(3)气球要漂浮在空气中，则气球总重力等于冷空气的浮力，假如还能托起的最大质量为 m 则 $F=m_0g+G+mg$

所以 $m=\frac{\rho_0VT_0}{T_b}-\frac{\rho_0VT_0}{T_a}-m_0$

第三章　热力学定律

课时作业1　功、热和内能的改变

基础训练

1.C

［解析］　因为冰水混合物的温度为零摄氏度，所以冰和水的分子动能是相同的，A、B错误，零摄氏度的冰化成零摄氏度的水需要吸热，所以水的内能大于冰的内能，C正确，D错误。

2.D

［解析］　A项：物体的机械能取决于速度、相对参考平面的高度，质量，内能取决于物质的量，温度和体积，所以机械能大的物体，内能不一定大，故A错误；B项：分子平均动能取决于温度，与物体的速度无关，故B错误；C项：物体的机械能取决于速度、相对参考平面的高度，质量，所以物体降温时，其机械能不一定减小，故C错误；D项：摩擦生热是由机械能转化为内能，故D正确。

3.D

［解析］　根据内能的传播特性：热量总是自发从高温物体传到低温物体，或从物体的高温部分传递到低温部分，因此决定内能传播方向的决定因素是温度，选项A、B、C各题设所提到的条件均与此无关，故选项D正确。

4.B

［解析］　氟利昂是一种既容易汽化又容易液化的物质；工作时电动压缩机使氟利昂蒸气压缩而液化，压入冰箱外的冷凝器管里将热量放出；冷凝器里的液态氟利昂，经过一段很细的毛细管进入冰箱内冷冻室的管子里，在这里迅速汽化，内能减小，从冰箱的内部吸收热量，使冰箱内部的温度降低，故B正确。

5.D

［解析］　温度是分子平均动能的标志，温度低只能说明分子平均动能小，不能说明分子势能，而内能包括分子动能和分子势能，故A错误。温度低的物体，分子平均动能一定小，但是分子动能与分子的速率以及分子质量有关，故分子运动的平均速率不一定小，故B错误。温度是分子平均动能的标志，与物体是否运动无关，故C错误。温度是分子平均动能的唯一标志，温度相同说明分子平均动能相同，0 ℃的铁和0 ℃的冰，它们的分子平均动能相同，故D正确。故选D。

6.A

［解析］　温度是物体分子运动平均动能的标志，故分子质量不同的物质如果温度相同，物体分子的平均动能也相同，故A正确；物体的内能包括分子热运动动能(和温度有关)和分子势能(和体积有关)，故物体的内能变化时，它的温度不一定改变，如0摄氏度的水变为0摄氏度的冰，内能改变，温度没有改变，故B错误；同种物质，温度高时的分子平均动能肯定比温度低时的分子平均动能大，但内能大小还与体积有关，故C错

误;物体的内能等于物体内部分子的势能和热运动的动能的总和,故D错误;故选A。

7.C

[解析] 试题分析:热传递就是将物体的热量通过传导从一个物体传到另外一个物体上。铁片在室外被太阳晒热.属于热传递。所以C正确。火车经过后,铁轨的温度升高.压缩筒内空气,使乙醚达到着火点.流星在空气中高速下落,发出光和热.均属于做功生热。

8.B

[解析] 试题分析:一木块从斜面上匀速下滑,在下滑的过程中,木块的温度不断升高属于摩擦做功生热。机械能减小,内能增大。这与分子势能变化没有关系。所以A、D项错误。

能力提升

9 AC

[解析] 该实验测定做功和内能变化的关系.可以测定热功当量,A正确;该实验是绝热过程,没有热传递,内能的改变是由于做功,C正确;做功表示能量的转化,而热量表示热传递中内能的转移,二者有区别,B、D错误。

10.答案 0.2 ℃

[解析] $\Delta U=30\%W_{Ff}=0.3\times0.7mgh=0.21mgh$

$Q=\Delta U=cm\Delta t=4.2\times10^3\ m\Delta t=0.21mgh$

$\Delta t=0.2$ ℃。

课时作业2 热力学第一定律

基础训练

1.B

[解析] 研究对象为气体,依照符号法则,对外做功$W=-100$ J,从外界吸收了120 J的热量即$Q=120$ J。由热力学第一定律有

$\Delta U=W+Q=(120-100)$ J$=20$ J>0,说明内能增加。

2.C

[解析] 气体等压膨胀过程对外做功$W_{外}=p\Delta V=1.0\times10^5$ Pa$\times(30-20)\times10^{-3}$ m$^3=1.0\times10^3$ J。这一过程气体从外界吸热$Q=4\times10^3$ J。热力学第一定律$\Delta U=W+Q$,气体对外做功,W应取负值,则可得$\Delta U=-1.0\times10^3$ J$+4.0\times10^3$ J$=3.0\times10^3$ J,即气体内能增加了3×10^3 J。故选项C正确

3.C

[解析] 选状态b和状态c相比,温度相同,b状态气体体积大,则b状态压强小,故$p_b<p_c$。由状态a到b和a到c,气体温度的变化量相同,故内能增加量ΔU相同,而a到c过程气体不做功,即$W=0$,而a到b过程体积膨胀,对外做功,$W<0$,所以根据热力学第一定律$\Delta U=Q+W$可得,a到b过程吸热更多,故$Q_{ab}>Q_{ac}$,C项正确。

4.A

选胎内气体为研究对象。由于气体温度不变,气体状态变化遵循玻意耳定律.放水前气体的压强大,在放水过程中,气体的压强逐渐减小,体积增大,气体对外界做正功,B错误。因为气体不变,分子的平均动能不变,内能ΔU不变,由热力学第一定律$\Delta U=W+Q$知,气体从外界吸收热量,且吸收的热量等于对外做的功,A正确,C、D错误。

5.B

[解析] 储气罐内气体体积及质量均不变,温度升高,气体从外界吸收热量,分子平均动能增大,内能增大,压强变大.因气体体积不变,故外界对气体不做功,只有B正确。

6.C

[解析] 气体前后两个状态用1和2表示,对应内能为U_1和U_2,当气体从状态1变化到状态2时,能流图如图所示。从能流图可以看出:$\Delta U=Q-W=Q-mgh-p_0Sh$。

7.AB

[解析] 当环境温度升高时,压强不变,缸内气体膨胀对外做功,理想气体不考虑分子力,内能仅由物质的量和温度决定,温度升高,气体的内能增加,正确选项为A、B。

8.BC

[解析] 此过程是等温变化,即内能不变,根据热力学第一定律可知外界对缸内气体做的功等于缸内气体向外界释放的热量,故B、C正确、D错误;此过程压强增大体积缩小,由压强的微观含义可知A错误。

能力提升

9.BCD

[解析] 从状态d到c,温度不变,理想气体内能不变,但是由于压强减小,所以体积增大,对外做功,还要保持内能不变,一定要吸收热量,故A错误。气体从状态c到状态b是一个降压、降温过程,同时体积减小,

外界对气体做功，而气体的内能还要减小(降温)，就一定要伴随放热的过程，故B正确．气体从状态a到状态d是一个等压、升温的过程，同时体积增大，所以气体要对外做功，故C正确。气体从状态b到状态a是一个等容变化过程，随压强的增大，气体的温度升高，内能增大，而在这个过程中气体的体积没有变化，就没有做功，气体内能的增大是因为气体吸热的结果，故D正确。

答案:(1)927 ℃　(2)减少 35 kJ

10.[解析]　(1)根据查理定律:

$=\frac{p_1}{T_1}=\frac{p_2}{T_2}$

$p_1=p_0$，$T_1=300$ K，$p_2=4p_0$。

整理得:$T_2=1\ 200$ K，$t_2=927$ ℃。

(2)由热力学第一定律$\Delta U=Q+W$

得$\Delta U=-20$ kJ-15 kJ$=-35$ kJ，故内能减少35 kJ。

11.答案:27 ℃ 200 J

[解析]　(1)对于理想气体:$A\to B$过程，由查理定律有$\frac{p_A}{T_A}=\frac{p_B}{T_B}$，得$T_B=100$ K，

所以$t_B=T_B-273$ ℃$=-173$ ℃。

(2)$B\to C$过程，由盖-吕萨克定律有$\frac{V_B}{T_B}=\frac{V_C}{T_C}$，

得$T_C=300$ K，

所以$t_C=T_C-273$ ℃$=27$ ℃。

由于状态A与状态C温度相同，气体内能相等，而$A\to B$过程是等容变化气体对外不做功，$B\to C$过程中气体体积膨胀对外做功，即从状态A到状态C气体对外做功，故气体应从外界吸收热量。$Q=p\Delta V=1\times10^5\times(3\times10^{-3}-1\times10^{-3})$ J$=200$ J。

专题　理想气体状态方程和热力学第一定律的综合应用

基础训练

1.ABD

[解析]　在过程ab中，气体体积不变，外界不对气体做功，气体也不对外做功，即$W=0$，压强增大，温度升高，内能增加，A正确，C错误；在过程ca中，气体体积减小，外界对气体做功，即$W>0$，B正确；在过程bc中，温度不变，内能不变，即$\Delta U=0$，体积增加，$W<0$，由热力学第一定律$\Delta U=W+Q$，可知$Q>0$，即气体从外界吸热，D正确。

2.C

[解析]　温泉中正在缓慢上升的气泡，压强减小，由理想气体状态方程$\frac{pV}{T}=C$知，温度不变、压强减小时体积增大；一定量的理想气体的内能仅与温度有关，故内能不变，体积增大时，气体对外做功，由热力学第一定律可知，气体应吸收热量，故C正确，A、B、D错误。

3.BC

[解析]　由$V-T$图像知，从A到B的过程中，气体被等温压缩，外界对气体做正功，气体的内能不变。由热力学第一定律知，气体放出热量，A错误，B正确；从B到C的过程中气体做等压变化，温度降低，气体内能减少，故C正确，D错误。

4.ABD

[解析]　理想气体分子势能忽略不计，因此温度升高时，气体的内能增加，故A正确；压缩气体，外界对气体做正功，故D正确；由于不能确定外界对气体做功的多少，因此气体可能吸热，也可能放热，故B正确，C错误。

5.BD

[解析]　过程①中，气体由a到b，体积V不变，T升高，则压强增大，A项错误；过程②中，气体由b到c，体积V变大，对外界做正功，B项正确；过程④中，气体由d到e，温度T降低，内能ΔU减小，体积V不变，气体不做功，根据热力学第一定律$\Delta U=Q+W$得$Q<0$，即气体放出热量，C项错误；状态c、d温度相同，所以内能相等，D项正确。

6.BD

[解析]　根据$\frac{pV}{T}=C$可知过原点的直线为等容线，且斜率越大的等容线对应的气体的体积越小，由题图可知$V_a=V_b<V_c=V_d$，选项A项错误；$b\to c$过程中，气体的体积变大，对外做功，温度升高，内能增加，根据热力学第一定律可知气体吸热，选项B正确；$c\to d$过程中，气体温度降低，则气体内能减小，选项C错误；$d\to a$过程中，气体体积减小，$V_d=V_c$，根据理想气体状态方程可知$\frac{1.0\times10^5\times2.0\times10^{-3}}{200}$ m^3$=\frac{2.0\times10^5\cdot V_c}{800}$，解得$V_c=V_d=4\times10^{-3}$ m^3，外界对气体做功$W=p\Delta V=1.0\times10^5\times(4\times10^{-3}-2\times10^{-3})$ J$=200$ J，选项D正确。

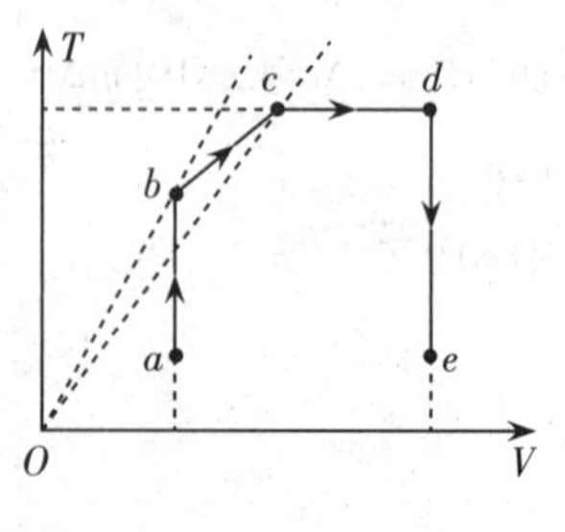

7.C

[解析] 喷液过程，气体的温度不变，则内能不变，选项A错误；从A到B过程，气体的体积增大，气体对外做功，又内能不变，则气体吸收的热量等于气体对外做的功，选项B错误；根据玻意耳定律可知$pV=C$，即$p-V$图像上各点的横纵坐标的乘积相等，即图中△OAC和△OBD的面积相等，选项C正确；从A到B，温度不变，压强减小，则气体分子每次碰撞器壁给它的冲力不变，单位时间内对器壁单位面积的碰撞次数减小，选项D错误。

能力提升

8.BC

[解析] $A\to B$过程是绝热过程，$Q=0$，体积变大，气体对外做功，$W<0$，根据热力学第一定律$\Delta U=Q+W$，得$\Delta U<0$，内能减小，故温度降低，故A错误；$B\to C$过程中，气体体积V不变而压强p变大，气体温度升高，故内能增加，但体积V不变，外界对气体不做功，所以气体吸收热量，故B正确；$C\to A$过程是等温变化，气体体积V减小，外界对气体做功，$W>0$，气体温度不变，$\Delta U=0$，根据热力学第一定律得$Q<0$，气体放热，故C正确；A到B气体对外做功$W_1<0$，B到C不做功，C到A外界对气体做功$W_2>0$，根据$p-V$图像，图线与横坐标轴围成的图形的面积等于所做的功，A到B做功小于C到A做功，如图阴影面积所示，故全部过程气体做功不为0，故D错误。

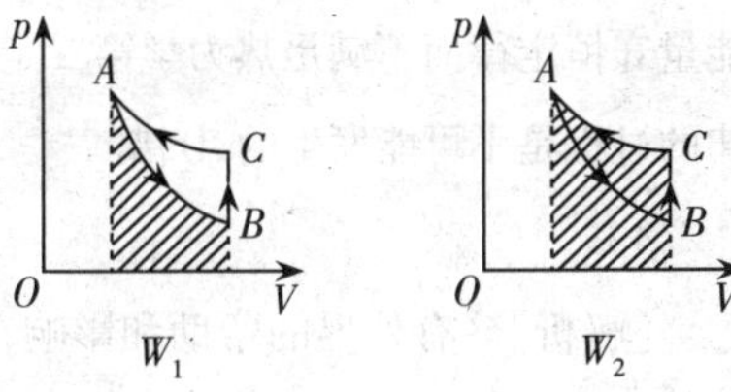

9.(1)15 cm　2.1×10^5 Pa

(2)放热，理由见[解析]

[解析] (1)设平衡后活塞向右移动的距离为x，活塞向右移动达到稳定后，对A气体，有$p_ALS=p(L+x)S$

对B气体，有$p_BLS=p(L-x)S$

得$x=15$ cm，$p=2.1\times10^5$ Pa

(2)活塞向右移动，对B中气体做功，而气体做等温变化，内能不变，由热力学第一定律$\Delta U=W+Q$可知B内气体放热。

10.(1)$\frac{V_2}{V_1}T_1$　(2)$Q_1-(p_0+\frac{mg}{S})(V_2-V_1)$

[解析] (1)加热过程中气体等压膨胀，由$\frac{V_1}{T_1}=\frac{V_2}{T_2}$，

得$T_2=\frac{V_2}{V_1}T_1$。

(2)设加热过程中，封闭气体内能增加ΔU，因气体体积增大，故此过程中气体对外做功，$W<0$。

由热力学第一定律知$\Delta U=Q_1+W$

其中$W=-p\Delta V=-(p_0+\frac{mg}{S})(V_2-V_1)$

由于理想气体内能只与温度有关，故再次降到原温度时气体放出的热量满足$Q_2=\Delta U$

整理可得：$Q_2=Q_1-(p_0+\frac{mg}{S})(V_2-V_1)$。

11.(1)$\frac{mg(L_0-x_0)-p_0x_0S}{x_0L_0}$

(2)$Q-W-p_0x_0S$

[解析] (1)汽缸水平放置时，缸内气体的压强为$p_1=p_0+\frac{kx_0}{S}$，

当汽缸竖直放置时，缸内气体的压强为$p_2=p_0+\frac{mg}{S}$，

根据玻意耳定律有$p_1L_0S=p_2(L_0-x_0)S$，

解得$k=\frac{mg(L_0-x_0)-p_0x_0S}{x_0L_0}$。

(2)从甲图到乙图的过程中，气体的温度始终不变，因此气体的内能不变，根据热力学第一定律可知$Q=W+p_0x_0S+E_p$，

解得$E_p=Q-W-p_0x_0S$。

12.(1)$2T_0$

(2)$\frac{2T_0(p_0S+2mg)}{p_0S+mg}$

(3)增加$Q-(p_0S+mg)L$

[解析] (1)初状态：$p_1=p_0+\frac{mg}{S}$，$V_0=LS$，活塞刚接触重物时，气体的体积$V_1=2LS$；

气体刚接触重物前做等压变化，由盖-吕萨克定律知$\frac{V_0}{T_0}=\frac{V_1}{T_1}$，代入数据解得$T_1=2T_0$；

(2)重物刚开始上升时，$p_2=p_0+\frac{2mg}{S}$，活塞从刚接触重物到重物刚开始上升，气体做等容变化，

由查理定律知：$\frac{p_1}{T_1}=\frac{p_2}{T_2}$，即$\frac{p_0+\frac{mg}{S}}{2T_0}=\frac{p_0+\frac{2mg}{S}}{T_2}$，

解得$T_2=\frac{2T_0(p_0S+2mg)}{p_0S+mg}$；

(3)在等压变化过程中，气体对外做功

$W_1=p\Delta V=(p_0S+mg)L$，

在等容变化过程中，气体对外做功$W_2=0$；

由热力学第一定律$\Delta U=Q-W_1-W_2=Q-(p_0S+mg)L$，即气体内能增加$Q-(p_0S+mg)L$。

课时作业3 能量守恒定律

基础训练

1.D

［解析］ 秋千摆动幅度越来越小，说明机械能在减少，故A、C项错误；而减少的机械能通过摩擦转化成了内能，故B项错误，D项正确。

2.BD

［解析］ 物体沿斜面上滑的过程中，有摩擦力对物体做负功，所以物体的机械能减少，由能量守恒定律知，内能增加，能量的总量不变。故B、D正确。

3.B

［解析］ 由于木箱在推动中受到滑动摩擦力，其与相对位移的乘积是转化为木箱与地面系统的内能，即：$U=60\times10\ J=600\ J$。由能量守恒定律可得 $E_k=W_{总}-U=80\times10\ J-600\ J=200\ J$，故B正确。

4.B

［解析］ 由静电感应可知，A、B分开前，由于C球带正电，所以枕形导体A带负电，枕形导体B带正电，由于C球存在，所以A、B分开后，A左端带负电，B右端带正电，分开前A、B处于静电平衡状态，所以A、B是一个等势体，故A错误，B正确；上述过程在把A、B分开的过程中要克服A、B之间的静电力做功，把机械能转化为电能，再把电能转化为机械能，此过程是能量不断转化的过程，不违背能量守恒定律，但需要消耗机械能，永动机不可能制成，故C、D错误。

能力提升

5.C

［解析］ A、B升高相同的温度，根据 $Q=cm\Delta t$ 可知，升温需要的能量是相同的。由于受热膨胀，A的重心升高，重力势能增加，Q_A 一部分用于升温，一部分用于增加重力势能 ΔE_p，即 $Q_A=Q+\Delta E_p$；B的重心降低，重力势能减小，Q_B 和减少的重力势能 ΔE_p 共同用于升温，即 $Q=Q_B+\Delta E_p$；显然 $Q_A>Q_B$。故选项C正确。

6.D

［解析］ 形状记忆合金进入水后受热形状发生改变而搅动热水，由能量守恒知能量来源于热水，故A、B、C错误；由能量守恒知，叶片吸收的能量一部分转化成叶片的动能，一部分在空气中释放，故D正确。

7.D

［解析］ 楞次定律指感应电流的磁场阻碍引起感应电流的原磁场的磁通量的变化，这种阻碍作用做功将其他形式的能转变为感应电流的电能，所以楞次定律的阻碍过程实质上就是能量转化的过程。

8.25次

［解析］ 由机械能守恒定律得气锤下落到刚撞击铁块时的动能：

$E_k=mgh=10^3\times10\times2.5\ J=2.5\times10^4\ J$

由动能定理得：$W=E_k-0=2.5\times10^4\ J$

其中用来使铁块温度升高的功

$W_\eta=0.6W=1.5\times10^4\ J$

使铁块升高40 ℃所需的热量

$Q=cm\Delta t=462\times20\times40\ J$

$=3.696\times10^5\ J$

设气锤下落 n 次，才能使铁块温度升高40 ℃，则由能量守恒定律得

$nW_\eta=Q$

$$n=\frac{Q}{W_\eta}=\frac{3.696\times10^5}{1.5\times10^4}=24.64$$

故气锤应至少落下25次。

课时作业4 热力学第二定律

基础训练

1 .B

［解析］ 热力学第二定律是物理学家通过对大量自然现象的分析，又总结了生产和生活经验得到的结论，是一个经验定律，它并不能通过理论推导出来和实验来证明，但它符合客观事实，因此是正确的。它揭示了与热有关的宏观过程的方向性，使人们认识到第二类永动机不可制成，对我们认识自然和利用自然有着重要的指导意义。

2.BD

［解析］ 由能的转化和守恒定律及能量守恒定律知各种形式的能量之间可以相互转化，但是内能在转化为机械能的过程中，由于内能的各种耗散，内能不会完全转化为机械能。故B、D正确。

3.B

［解析］ 热量不能自发地从低温物体传到高温物体，所以不能说把散失的能量全部收集起来重新加以利用，A错；由热力学第二定律可知，B对；热量从低温物体传给高温物体时一定会发生其他变化，C错；只满足能量守恒定律而不满足热力学第二定律的过程是不可能发生的，D错。

4.C

［解析］ 有外界的帮助和影响，

热量可以从低温物体传递到高温物体，空调消耗的电能必须大于室内温度降低所放出的热量。不可能通过给物体加热而使它运动起来，违背了热力学第二定律。

5.C

［解析］ 由于气体始终通过汽缸壁与外界接触，外界温度不变，活塞杆与外界连接并使其缓慢地向右移动过程中，有足够时间进行热交换，所以汽缸内的气体温度也不变．要保持其内能不变，该过程气体是从单一热源即外部环境吸收热量，即全部用来对外做功才能保证内能不变，但此过程不违反热力学第二定律．此过程由外力对活塞做功来维持，如果没有外力F对活塞做功，此过程不可能发生。

6.C

［解析］ 根据热力学第二定律，热量不可能从低温物体自发地传给高温物体，而不引起其他的变化，但通过一些物理过程是可以实现的，故C项正确；内能自发地全部转化为机械能是不可能的，故A项错误；气体膨胀具有方向性，故B项错误；扩散现象也有方向性，D项也错误。

7.D

［解析］ 根据热力学第二定律，不可能从单一热源吸收热量，使之完全对外做功而不产生其他影响，选项A是错误的；绝对零度是低温的极限，只可无限接近，不可能达到，选项B是错误的；根据热力学第二定律可知，与热现象有关的实际宏观过程都是不可逆的，选项C是错误的；根据能量守恒定律可知，选项D是正确的。

能力提升

8.D

［解析］ 一定量气体吸收热量的同时对外做功，则其内能可能不变或减小，选项A错误；在外力做功的前提下，热量可以由低温物体传递到高温物体，选项B错误；若两分子间距增大，分子力可能做正功或负功，其势能可能减小或增大，选项C错误。根据分子动理论可知，若分子之间的距离减小，分子间的引力和斥力都增大，选项D正确。

9.AB

［解析］ 温差发电现象中产生了电能是因为热水中的内能减少，一部分转化为电能，一部分传递给冷水，转化效率低于100%，不违反热力学第二定律。热水温度降低，冷水温度升高，故A、B正确，C、D错误。

10.室内的温度会不断升高。

［解析］ 制冷机正常工作时，室内工作器从室内吸收热量，同时将冷风向室内散发，室外工作器向外散热。若将一台正在工作的电冰箱的门打开，尽管它可以不断地向室内释放冷气，但同时冰箱的箱体向室内散热，就整个房间来说，由于外界通过电流不断有能量输入，室内的温度会不断升高。

章末测试题

1.A

［解析］ A、根据热力学第二定律知：热量可以自发地从较热的物体传递到较冷的物体，但不可能自发地从较冷的物体传递到较热的物，即涉及热现象的宏观过程都具有方向性，A正确。B、分子处于永不停息的无规则运动之中，物体的温度为0 ℃时，其分子平均动能不为零；B错误。C、根据热力学第一定律公式$\triangle U=W+Q$知，$W=+4.5\times10^5$ J，$\triangle U=+3.5\times10^5$ J，解得$Q=-1.0\times10^5$ J，即空气向外界放出热量1.0×10^5 J，C错误。D、第一类永动机违反了能量的转化与守恒，不可能实现，第二类永动机不违反能量守恒定律，但违反了热力学第二定律，D错误。故选A。

2.C

［解析］ 铁块熔化成铁水，吸收热量、内能增加，故A错误；足球滚动时，克服摩擦做功，将机械能转化为内能，足球的内能增加，故B错误；用磨刀石磨菜刀，克服摩擦做功，消耗机械能转化为内能，使菜刀的内能增加，故C正确；木板很难被压缩，说明物质分子间存在斥力，故D错误。所以C正确，A、B、D错误。

3.B

［解析］ A、吸热的物体，根据热力学第一定律$\Delta U=W+Q$，可知其内能不一定增加，还与做功情况有关，故A错误；

B、绝热压缩的物体，$Q=0$，外界对物体做功，$W>0$，根据热力学第一定律$\Delta U=W+Q$，则有$\Delta U>0$，其内能一定增加，故B正确；

C、放热的物体，若外界对物体做功，而且功的数值大于热量的数值，根据热力学第一定律$\Delta U=W+Q$，可知物体的内能增加，故C错误；

D、体积膨胀的物体，对外界做功，若物体从外界吸热，而且热量的数值大于功的数值，根据热力学第一

定律 $\Delta U=W+Q$，可知物体的内能增加，故D错误；

4.D

［解析］ 根据热力学第二定律，不可能从单一热源吸热并把它全部用来做功，而不引起其他变化；第二类永动机并不违反能量转化和守恒定律，不可能制成是因为违反了热力学第二定律，希望从单一热源吸取热量使之完全转换为有用的功而不产生其他影响。故A、B、C错误，D正确。

5.D

［解析］ A、由图像可知状态1到状态2是等温变化过程，气体内能不变，从状态1至状态2气体的体积减小，故对气体做功，根据热力学第一定律知，气体放出热量，故A错误；B、由图像可知状态1到状态2是等容变化过程，故对气体不做功，从状态1至状态2气体的温度降低，气体内能降低，根据热力学第一定律知，气体放出热量，故B错误；C、由图像可知状态1到状态2是等容变化过程，故对气体不做功，从状态1至状态2气体的压强减小，温度降低，气体内能降低，根据热力学第一定律知，气体放出热量，故C错误；

D、由图像可知状态1到状态2是等温变化过程，气体内能不变，从状态1至状态2气体的体积增大，故气体对外做功，根据热力学第一定律知，气体吸收热量，故D正确；

故选D。

6.B

［解析］ 以活塞为研究对象，根据平衡条件有：$pS+mg=p_0S$，解得：$p=p_0-\frac{mg}{S}$，细沙漏出，mg减小，可知p增大；汽缸导热良好，则温度不变，根据理想气体状态方程$\frac{pV}{T}=C$，则V减小；体积减小，外界对气体做功，不计气体分子之间的相互作用力则忽略分子势能，分子内能只与温度有关，温度不变则分子内能不变，根据热力学第一定律知气体放热，故B正确，A、C、D错误。

7.ACD

［解析］ A、熵是热力学系统内分子运动无序程度的量度，故A正确；

B、与热现象有关的一个自发的过程中熵总是向增加的方向进行，故B错误；

C、热力学第二定律的微观实质是与热现象有关的自发宏观过程朝墒增加的方向进行，热力学第二定律又称为熵增加原理，故C正确；

D、熵值越大，表明系统内分子运动越无序，故D正确；

故选A、C、D。

8.AB

［解析］ A、由题 $T_A=(273+27)\text{ K}=300\text{ K}$；$A\to B$过程为等压变化，则有$\frac{V_A}{V_B}=\frac{T_A}{T_B}$，解得：$T_B=\frac{V_B}{V_A}T_A=\frac{3\times10^{-3}}{1\times10^{-3}}\times300\text{ K}=900\text{ K}$，A正确。B、$B\to C$过程是等容变化，则有$\frac{p_B}{p_C}=\frac{T_B}{T_C}$，得：$T_C=\frac{p_C}{p_B}T_B=\frac{1}{3}\times900\text{ K}=300\text{ K}$；故B正确。C、从状态$A$变化到状态$C$过程，气体的温度先升高后降低，则气体的内能先增大后减小；故C错误。D、由$A\to B$气体的温度升高，内能增大。体积增大，气体对外做功，由热力学第一定律$\Delta U=W+Q$知，气体吸热；故D错误。故选A、B。

9.BC

［解析］ A、$A\to B$过程中，体积增大，气体对外界做功，故A错误；B、$B\to C$过程中，绝热膨胀，气体对外做功，温度降低，气体分子的平均动能减小，故B正确；C、$C\to D$过程中，等温压缩，体积变小，分子数密度变大，单位时间内碰撞单位面积器壁的分子数增多，C正确；D、$D\to A$过程中，绝热压缩，外界对气体做功，温度升高，分子平均动能增大，气体分子的速率分布曲线发生变化，故D错误；故选BC。

10.BD

［解析］ A、气体B吸热，对外做功，后来活塞达到新的静止平衡状态，说明气体B压强不变。根据气体状态方程知道，温度升高，不计气体分子势能，所以内能增加，故A错误；

B、通过电热丝对A气体加热一段时间，气体A温度升高，则分子的平均动能变大，故B正确；

C、温度升高，分子的平均动能增大，不是每个分子的动能都增大，故C错误；

D、气体B压强不变，由于温度升高，导致体积增大，所以气体B分子单位时间内对器壁单位面积碰撞次数减小，故D正确。

11.AC

［解析］ 金属汽缸导热性能良好，由于热交换，汽缸内封闭气体温度与环境温度相同，向活塞上倒一定质量的沙土时气体等温度压缩，温度不变，汽体的内能不变。而汽缸内封闭气体被压缩，体积减小，外界对气体做功，$\Delta U=0$，$W>0$，根据$\Delta U=W+$

Q可知$Q<0$,即放热,A正确D错误;温度不变,则汽缸内分子平均动能保持不变,B错误;汽缸内封闭气体被压缩,体积减小,而质量不变,则汽缸内气体分子密度增大,C正确。

12.(1)400 J (2)0 (3)400 J 吸收

[解析] (1)根据$p-V$图像的面积等于气体对外做的功,$W=\frac{1}{2}(1+3)\times10^5\times2\times10^{-3}$ J = 400 J;

(2)由图像可知,$p_AV_A=p_BV_B$,所以A与B两状态气体温度相等,气体的内能不变,则此过程中气体内能增加了0 J。

(3)由于气体对外做功400 J,根据热力学第一定律,所以气体要吸热400 J。

13.答案:(1)增加 130 J (2)放热 330 J

[解析] (1)ACB过程内能增加,ACB过程中W_1=-280 J,Q_1=410 J

由热力学第一定律$U_B-U_A=W_1+Q_1$=130 J

气体内能的变化量为130 J。

(2)BDA过程中气体放热因为一定质量理想气体的内能只是温度的函数,BDA过程中气体内能变化量U_A-U_B=-130 J又因外界对气体做功200 J由热力学第一定律$U_A-U_B=W_2+Q_2$,Q_2=-330 J放出热量330 J。

14.(1)$\frac{T_A\cdot V_B}{V_A}$

(2)放出热量$Q_1=k(\frac{T_AV_B}{V_A}-T_A)+p_A(V_B-V_A)$;

吸热热量,$Q_2=k(T_C-\frac{T_A\cdot V_B}{V_A})$

[解析]:(1)由题图可知,气体由$A\to B$的$V-T$线为过原点的直线,则气体发生等压变化,即$p_A=p_B$,根据盖-吕萨克定律,得$\frac{V_A}{T_A}=\frac{V_B}{T_B}$,$T_B=\frac{T_A\cdot V_B}{V_A}$

(2)$A\to B$过程中,气体的体积减小、温度减低,则外界对气体做功$W_1=p_A(V_A-V_B)$,内能变化$\Delta U_{AB}=k(T_B-T_A)=k(\frac{T_A\cdot V_B}{V_A}-T_A)$,

15.(1)$3p_0$ (2)$Q_1-4\alpha T_0$

[解析] (1)汽缸B导热,汽缸B中气体温度保持不变,汽缸B中气体状态参量:$p_{B1}=p_0$,$V_{B1}=V$,$V_{B2}=\frac{1}{3}V$,对汽缸B中的气体,由玻意耳定律得$p_{B1}V_{B1}=p_{B2}V_{B2}$,解得$p_{B2}=3p_0$

两活塞等大,忽略活塞与汽缸的摩擦,两汽缸中气体压强相等,则汽缸A内气体的压强:$p_A=p_{B2}=3p_0$。

(2)B中气体体积减为原来的三分之一时,A中气体体积为$V+(1-\frac{1}{3})V=\frac{5}{3}V$

对汽缸A中气体,由理想气体状态方程得$\frac{p_0V}{T_0}=\frac{p_A\cdot\frac{5}{3}V}{T_A}$

解得$T_A=5T_0$

汽缸A内气体升温时内能增加:

$\Delta U=\alpha(T_A-T_0)=4\alpha T_0$

汽缸B内气体温度不变,内能不变,以汽缸A、B内两部分气体为研究对象,则对外做功为0,由能量守恒定律得$Q_1=\Delta U+Q_2$

解得,汽缸B内气体放出热量为$Q_2=Q_1-4\alpha T_0$。

第四章 原子结构和波粒二象性

课时作业1 普朗克黑体辐射理论

基础训练

1.答案 A

[解析] 黑体辐射电磁波的强度按波长的分布只与黑体的温度有关。

2.答案 AB

[解析] 黑体辐射的规律为随着温度的升高各种波长的辐射强度都增加,同时辐射强度的极大值向波长较短的方向移动.故A、B对。

3.答案 A

[解析] 带电微粒辐射和吸收能量时是以最小能量值——能量子ε的整数倍一份一份地辐射或吸收的,是不连续的。故选项A正确,选项B、C、D均错。

4.答案 A

[解析] 黑体辐射以电磁辐射的形式向外辐射能量,温度越高,辐射越强越大,故B、D错误。黑体辐射的波长分布情况也随温度而变,如温度较低时,主要以不可见的红外光进行辐射,在500 ℃以至更高的温度时,则顺次发射可见光以至紫外辐射。即温度越高,辐射的电磁波的波长越短,故C错误,A正确。

5.答案 B

[解析] 一个光子的能量$\varepsilon=h\nu=h\frac{c}{\lambda_0}$,则$N$个光子的总能量$E=Nh\frac{c}{\lambda_0}$,

选项B正确。

6.答案　B

［解析］　根据黑体辐射实验的规律可知，随着温度的升高，一方面，各种波长的辐射强度I都有增强，另一方面，辐射强度的极大值向波长较短的方向移动，故若人体温度升高，则人体热辐射强度I增大，辐射强度极大值对应的波长λ减小，故B正确，A、C、D错误。

7.答案　A

［解析］　无线光通信技术是光信号在空气中直接传输.光纤通信中的光信号是在光纤中传输.不论哪种方式，传输的都是文字，数据图像等信息.而由电磁波谱可知红外线的频率比可见光的频率低，由爱因斯坦的光子论可知$\varepsilon=h\nu$，红外光子的能量比可见光光子的能量小。

能力提升

8.答案　B

［解析］　体温为37 ℃时，热力学温度T=310 K，根据$\lambda_{max}T=2.90\times10^{-3}$ m·K，得$\lambda_{max}=\frac{2.90\times10^{-3}}{310}m=9.4\times10^{-6}$ m。

9.（1）9.4×10^{30}　（2）3.76×10^{23}　4×10^{-4} W

［解析］　(1)每个能量子的能量$\varepsilon=h\nu=\frac{hc}{\lambda}=\frac{6.63\times10^{-34}\times3\times10^{8}}{187.5}$ J $=1.06\times10^{-27}$ J

则每秒电台发射上述波长能量子数$N=\frac{Pt}{\varepsilon}\approx9.4\times10^{30}$个

(2)设球状天线每秒接收能量子数为n个，以电台发射天线为球心，则半径为R的球面积$S=4\pi R^2$

而球状天线的有效接收面积$S'=\pi r^2$

所以

$$n=N\frac{S'}{S}=N\frac{r^2}{4R^2}=3.76\times10^{23}\text{个}$$

接收功率$P_{收}=\frac{n\varepsilon}{t}=4\times10^{-4}$ W

课时作业2　光电效应

基础训练

1.答案　AD

［解析］　将擦得很亮的锌板与验电器连接，用弧光灯照射锌板(弧光灯发出紫外线)，验电器指针张开一个角度，说明锌板带了电，进一步研究表明锌板带正电。这说明在紫外线的照射下。锌板中有一部分自由电子从表面飞出，锌板带正电，选项A、D正确。红光不能使锌板发生光电效应。

2.答案　A

［解析］　由爱因斯坦光电效应方程可知从金属逸出的光电子的最大初动能，只跟入射光的频率有关，故只有A项正确。

3.答案　BC

［解析］　逸出功指金属表层电子脱离原子核克服原子核引力所做的功。由$E_k=h\nu-W_0$知$h\nu>W_0$,故C对。

4.答案　B

［解析］　由光电效应方程$E_{km}=h\nu-W_0$；紫外线的频率为：$\nu=\frac{c}{\lambda}$；逸出功为：$W_0=h\nu_0$；联立可得：

$$\nu_0=\frac{h\frac{c}{\lambda}-E_{km}}{h}=\frac{c}{\lambda}-\frac{E_{km}}{h}$$

$$=\frac{3\times10^{8}}{2\times10^{-7}}-\frac{4.7\times10^{-19}}{6.63\times10^{-34}}$$

$=7.9\times10^{14}$ Hz，故选项A、C、D错误，B正确。

5.答案　D

［解析］　A.由题意可知，要实现有效报警，照射光电管的紫外线波长应小于280 nm，则入射光的频率大于截止频率，会发生光电效应，A错误；

BC.c、d端有信号输出，与明火的照射时间无关，与紫外线的频率有关，光电效应的发生具有瞬时性，BC错误；

D.火灾报警时，根据光电效应方程

$E_{km}=h\nu-W_0$

照射的紫外线波长越短，频率越高，逸出的光电子最大初动能越大，D正确。

故选D。

6.答案　D

［解析］　因为紫光的频率比红光的频率高，由光电效应方程$h\nu=W_0+E_k$得知$E_k'>E_k$。又因为两束光的强度相同，因而$N_{红}h\nu_{红}=N_{紫}h\nu_{紫}$，所以光子数$N_{红}>N_{紫}$，而饱和光电流又由入射的光子数决定，因此$I>I'$，故A、B、C错误，D正确。

7.答案　C

［解析］　由于光的频率相同，所以对应的反向截止电压相同，选项A、B错误；发生光电效应时，在同样的加速电压下，光强度越大，逸出的光电子数目越多，形成的光电流越大，所以选项C正确，D错误。

8.答案　D

［解析］　根据$E_{km}=h\nu-W_0=eU_C$可知，遏止电压越大则入射光的频率越大，a光、c光的遏止电压相等，所以a光、c光的频率相等，则a、c光的波

长相等；因b光的遏止电压大于a光的遏止电压，所以b光的频率大于a光的频率，则a光的波长大于b光的波长，故D正确，A、B、C错误。

9.答案　C

［解析］　由题意知，入射光的频率大于阴极材料的截止频率，一定能发生光电效应，故A错误；若不断向左移动滑片P，反向电压增大且大于遏止电压，则灵敏电流计一定$E_{km}=h\nu-W_0=eU_c$不会有示数，故B错误；若不断向右移动滑片P，反向电压减小且小于遏止电压，则灵敏电流计一定会有示数，故C正确；增大入射光的强度，根据光电效应方程式可知，光电子的最大初动能为零，电流计中无电流，也没有示数，故D错误。

10.［答案］　(1)3.5×10^{12}(个)；(2)6.0×10^{-19} J；(3)6.0×10^{-19} J

［解析］(1)设每秒钟内由K极发射的光电子数目n，则

$$n=\frac{It}{e}=\frac{0.56\times10^{-6}\times1}{1.6\times10^{-19}}=3.5\times10^{12}(个)$$

(2)由光电效应方程可知

$$E_k=h\nu-W_0$$

$$=h\frac{c}{\lambda}-h\frac{c}{\lambda_0}=hc(\frac{1}{\lambda}-\frac{1}{\lambda_0})$$

在A、K间加电压U时，电子到达阳极时的最大动能为E_{km}，则有

$$E_{km}=E_k+eU=hc(\frac{1}{\lambda}-\frac{1}{\lambda_0})+eU$$

代入数值得　$E_{km}\approx6.0\times10^{-19}$ J

(3)根据光电效应规律，光电子的最大初动能与入射光的强度无关，如果电压U不变，则电子到达A极的最大动能不会变，仍为6.0×10^{-19} J。

课时作业3　原子的核式结构模型

基础训练

1.答案　C

［解析］　阴极射线是在真空管中由负极发出的电子流，故A、B错；最早由德国物理学家戈德斯坦在1876年提出并命名为阴极射线，故C对；阴极射线本质是电子流，故其比荷比氢原子比荷大得多，故D错。

2.答案　D

［解析］　电荷是量子化的，任何带电体所带电荷量只能是元电荷的整数倍。1.6×10^{-19} C是目前为止自然界中最小的电荷量，故D正确。

3.答案　A

［解析］　卢瑟福根据α粒子的散射实验结果，提出了原子的核式结构模型：原子核聚集了原子的全部正电荷和几乎全部质量，电子在核外绕核运转。

4.答案　D

［解析］　α粒子轰击金箔后偏转，越靠近金原子核，偏转的角度越大，所以A、B、C错误，D正确。

5.答案　ACD

［解析］　原子可以再分为原子核和核外电子，选项A正确；通常情况下，气体不导电，但在强电场中被电离后可导电，选项B错误，选项C、D正确。

6.答案　C

［解析］　α粒子从A点经B点到达A点的等势点C点的过程中电场力先做负功，后做正功，α粒子的电势能先增大，后减小，回到同一等势线上时，电场力做的总功为0。故选项C正确。

7.答案　$\frac{2}{7\,301}v$

［解析］　设电子质量为m，碰后α粒子速度为v_1，电子速度为v_2，由弹性正碰中动量守恒和能量守恒有：

$$\frac{1}{2}\times7\,300mv^2=\frac{1}{2}\times7\,300mv+\frac{1}{2}mv$$

$$7\,300mv=7\,300mv_1+mv_2$$

解得：$v_1=\frac{7\,299}{7\,301}v$

因此碰撞后α粒子速度减少了：

$$v-v_1=\frac{2}{7\,301}v$$

8.答案　ABC

［解析］　电子的质量很小，当和α粒子作用时，对α粒子运动的影响极其微小，A正确.α粒子发生大角度偏转，说明原子核的正电荷和几乎全部的质量集中在一个很小的区域内，所以B、C正确，D错误。

9.答案　B

［解析］　由于电子沿x轴正方向射出，要使荧光屏上的亮线向下偏转，则需使电子所受洛伦兹力方向向下，由左手定则可知磁场方向应沿y轴正方向，选项A错误，选项B正确；若加电场，需使电子所受电场力方向向下，则所加电场方向应沿z轴正方向，选项C、D错误。

10.答案　C

［解析］　根据动能定理得

$$eU=\frac{1}{2}mv^2\text{ 得 }v=\sqrt{\frac{2eU}{m}}$$

由$v=\sqrt{\frac{2eU}{m}}$可知，v与A、K间距离无关，则若A、K间距离减半而电压仍为U不变，则电子离开K时的速度仍为v，故A、B错误；

由$v=\sqrt{\frac{2eU}{m}}$可知，电压减半时，则电子离开K时的速度变为$\frac{\sqrt{2}}{2}v$，故C正确，D错误。

11.答案　(1)$\frac{m_1gd}{U_0}$

(2)$\frac{m_2d}{U_1t^2}(gt^2-2d)$

[解析]

(1)当$U=U_0$时，油滴恰好做匀速直线运动，满足$m_1g-q\frac{U_0}{d}=0$

解得$q=\frac{m_1gd}{U_0}$.

(2)当$U=U_1$时，质量为m_2的油滴做匀加速运动，满足 $d=\frac{1}{2}at^2$

$m_2g-q'\frac{U_1}{d}=m_2a$

联立解得

$q'=\frac{m_2d}{U_1}(g-\frac{2d}{t^2})=\frac{m_2d}{U_1t^2}(gt^2-2d)$.

12.答案　1.3×10^{11}C/kg

[解析]　无偏转时，洛伦兹力和电场力平衡，有$eE=evB$，只存在磁场时，有$evB=m\frac{v^2}{r}$(或$r=\frac{mv}{eB}$)，由几何关系$r=\frac{L}{\sin\theta}$，偏转角很小时，$r\approx\frac{L}{\theta}$，以上各式联立代入数据，得$\frac{e}{m}=\frac{E\theta}{B^2L}=1.3\times10^{11}$C/kg。

课时作业4　氢原子光谱和玻尔的原子模型

基础训练

1.答案　B

[解析]　氢原子光谱是线状谱，不是连续谱，故A错误；不同原子的原子光谱是不同的，氢原子光谱是氢原子的特征谱线，故B正确；经典物理学不可以解释氢原子光谱的分立特征，故C错误；不同化合物中的氢的光谱相同，氢原子光谱是氢原子的特征谱线，故D错误

2.答案　AB

[解析]　太阳是一个高温物体，它发出的白光通过温度较低的太阳大气层时，会被太阳大气层中的某些元素的原子吸收，从而使我们观察到的太阳光谱是吸收光谱，所以分析太阳光谱可知太阳大气层的物质组成。故A、B正确，C、D错误。

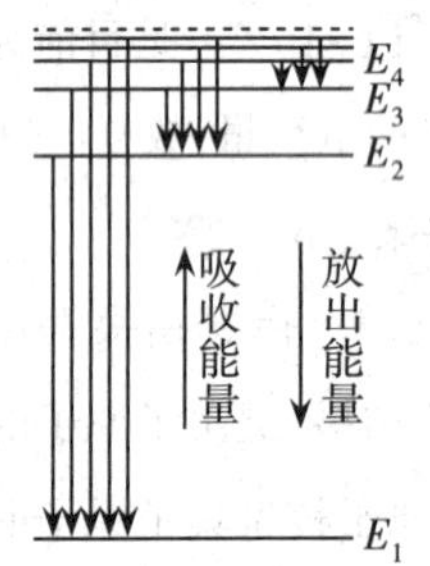

3.答案　AC

[解析]　此公式是巴耳末在研究氢原子光谱在可见光区的14条谱线中得到的，只适用于氢原子光谱的分析，且n只能取大于等于3的整数，则λ不能取连续值，故氢原子光谱是线状谱。

4.答案　BCD

[解析]　根据玻尔理论，电子绕核运动有加速度，但并不向外辐射能量，也不会向外辐射电磁波，故选项A错误，B正确.玻尔理论中的假设轨道，就是电子绕核运动可能的轨道半径是量子化的、不连续的，选项C正确。原子在发生能级跃迁时，要放出或吸收一定频率的光子，光子的能量取决于两个轨道的能量差，故选项D正确。

5.答案　D

[解析]　由库仑力提供向心力，即$\frac{ke^2}{r^2}=\frac{mv^2}{r}$，$E_k=\frac{1}{2}mv^2=\frac{ke^2}{2r}$，由此可知电子离核越远，$r$越大，则电子的动能越小，故A、C错误；因$r$增大过程中库仑力做负功，故电势能增大，B错误；结合玻尔理论和原子的能级公式可知，D正确。

6.答案　BC

[解析]　原子跃迁时可以放出或吸收能量为特定值的光子，A错；由n=2的状态向n=1的状态跃迁时，能量比由n=3的状态向n=2的状态跃迁时要大，所以放出光子的能量大于E，B项正确；由n=2的状态向n=3的状态跃迁时吸收光子的能量等于由n=3的状态向n=2的状态跃迁时放出的能量E，C项正确；由n=4的状态向n=3的状态跃迁时放出光子的能量较小，所以频率小于ν，D项错。

7.答案　B

[解析]　根据能级跃迁公式$\Delta E=E_m-E_n$可知，由于$E_{21}=E_2-E_1=-3.4$ eV$-(-13.6$ eV$)=10.2$ eV>3.11 eV，所以从n=2跃迁到低能级过程只可能辐射出紫外线，故A错误；从n=3能级跃迁到n=2能级过程中光子能量最小，由于$E_{32}=E_3-E_2=1.89$ eV>1.61 eV，所以从n=3跃迁到低能级过程不可能辐射出红外线，故B正确；由于$E_{43}=E_4-E_3=0.66$ eV<1.61 eV，所以从n=4跃迁到低能级过程中可能辐射红外线，故C错误；由于$E_{51}=E_5-E_1=13.06$ eV>3.11 eV，所以从n=5跃迁到低能级过程中可能辐射出紫外线，故

D错误。

8.答案　B

［解析］　根据组合公式，$C_4^2=6$，可知，大量的处于$n=4$能级的氢原子向低能级跃迁时，能发出6种不同频率的光电子，

它们的能量分别是

$E_1=-0.85\ eV-(-1.51\ eV)=0.66\ eV$，

$E_2=-0.85\ eV-(-3.40\ eV)=2.55\ eV$，

$E_3=-0.85eV-(-13.6eV)=12.75\ eV$，

$E_4=-1.51\ eV-(-3.40\ eV)=1.89\ eV$，

$E_5=-1.51\ eV-(-13.6eV)=12.09\ eV$，

$E_6=-3.40\ eV-(-13.6\ eV)=10.2\ eV$，

可见有三种光电子的能量大于3.20 eV，故能够从金属钙的表面照射出光电子的光共有三种，故B正确，A、C、D错误。

9.答案　C

［解析］　原子由能量为E_n的定态向低能级跃迁时，辐射的光子能量等于能级差，与E_n不相等，故A错；电子沿某一轨道绕核运动，处于某一定态，不向外辐射能量，故B错；电子由半径大的轨道跃迁到半径小的轨道，能级降低，因而要辐射某一频率的光子，故C正确；原子吸收光子后能量增加，能级升高，故D错。

10.答案　D

［解析］　经历a跃迁，氢原子从高能级向低能级跃迁时辐射出的光子的能量为0.66 eV，选项A错误；经历b跃迁，氢原子吸收能量，轨道半径增大，但核外电子的动能会减小，选项B错误；经历c跃迁，氢原子辐射出的光子的能量为0.97 eV，则该光子不是可见光光子，选项C错误；经历d跃迁后，跃迁后的氢原子的电离能为1.51 eV，因此用可见光光子照射可使其电离，选项D正确。

11.答案　C

［解析］　μ氢原子吸收光子后，能发出六种频率的光，说明μ氢原子是从$n=4$能级向低能级跃迁，则吸收的光子的能量为$\Delta E=E_4-E_2$，E_4-E_2恰好对应着频率为ν_3的光子，故光子的能量为$h\nu_3$。

12.答案　CD

［解析］　从$n=3$跃迁到$n=2$的能级时，辐射光的波长为656 nm，而当从$n=2$跃迁到$n=1$的能级时，辐射能量更多，则频率更高，由$c=\lambda f$

知波长小于656 nm，故A错误；

当从$n=1$跃迁到$n=2$的能级，吸收的能$\Delta E'=\dfrac{hc}{\lambda}$

$=[-3.4-(-13.6)]\times1.6\times10^{-19}\ J$

则吸收光的波长是$\lambda=122\ nm$

小于325 nm，故B错误；

一群处于$n=3$能级上的氢原子向低能级跃迁时最多产生$N=C_3^2=3$种谱线，故C正确；

当氢原子从$n=3$跃迁到$n=2$的能级时，辐射光子的波长为656 nm，用波长633 nm小于656 nm的光照射，其能量大于波长为656 nm的能量，因此不能使氢原子从$n=2$跃迁到$n=3$的能级，故D正确。

13.答案　C

［解析］　铬原子$n=2$的能级$E_2=-\dfrac{A}{2^2}=-\dfrac{A}{4}$，$n=1$的能级$E_1=-A$，所以电子从$n=2$能级跃迁到$n=1$的能级释放的能量$\Delta E=E_2-E_1=\dfrac{3}{4}A$。又铬原子$n=4$的能级$E_4=-\dfrac{A}{4^2}=-\dfrac{A}{16}$，说明电子从$n=4$能级跃迁到无穷远能级($E_\infty=0$)，即脱离原子需吸收$\dfrac{A}{16}$的能量，由能的转化和守恒知，该俄歇电子的能量应为$E_k=\Delta E-(-E_4)=\dfrac{11}{16}A$，选项C正确。

课时作业5　粒子的波动性和量子力学的建立

1.答案　B

［解析］　任何一个运动着的物体，都有一种波与它对应，即物质波，物质有两类：实物和场，所以B正确。

2.答案　B

［解析］　光电效应说明光具有粒子性，故A错误；

普朗克为了解释黑体辐射现象，第一次提出了能量量子化理论，故B正确；

波粒二象性是光的根本属性，与光子之间的相互作用无关，故C错误；

无论宏观物体还是微观物体，都具有相对应的物质波，故D错误。

3.答案　D

［解析］　康普顿效应揭示了光具有粒子性，故A错误；

光子既有波动性又有粒子性，个别光子的作用效果往往表现为粒子性，大量光子的作用效果往往表现为波动性，故B错误；

根据动能与动量的关系$E_k=\dfrac{p^2}{2m}$

可知，动能相等的电子和质子，电子的动量小，根据物质波的波长公式

$\lambda=\dfrac{h}{p}$

可知，电子的物质波波长大，故C错误；

光电效应揭示了光具有粒子性，光的波长越短，其粒子性越显著，故D正确。

4.答案　CD

［解析］　由德布罗意波波长$\lambda=\frac{h}{p}$，能则有$E_k=\frac{p^2}{2m}$

所以有$\lambda=\frac{h}{\sqrt{2mE_k}}$

E_k相同，而$m_e<m_p$，所以电子的德布罗意波波长较大，A错误；

在光的双缝干涉实验中，暗条纹的地方是光子到达概率小的地方，并非永远不能到达，B错误；

双缝干涉实验符合统计规律，大量光子打在光屏上的落点是有规律的，暗条纹的地方是光子到达概率小的地方，C正确；

低频率的电磁波的波长较长，容易发生明显的衍射、干涉现象，波动性显著；高频率的电磁波则相反。从能量的角度来分析，低频电磁波的光子能量小，少数光子很难在干涉或衍射亮纹处留下感光点迹，大量光子照射时出现规则的明暗条纹，即波动性显著，高频电磁波的光子能量大，少数几个光子就能引起感光胶片感光，出现不规则的点迹，即粒子性显著，D正确。

5.答案　ABC

［解析］　得到电子的衍射图样，说明电子具有波动性，A正确；由德布罗意波波长公式$\lambda=\frac{h}{p}$，而动量$p=\sqrt{2mE_k}=\sqrt{2meU}$，两式联立得$\lambda=\frac{h}{\sqrt{2meU}}$，B正确；从公式$\lambda=\frac{h}{\sqrt{2meU}}$可知，加速电压越小，电子的波长越大，衍射现象就越明显，C正确；用相同动能的质子替代电子，质子的波长变小，衍射现象相比电子不明显，故D错误。

6.［解析］　由动量守恒定律有$p_2-p_1=(m_1+m_2)v$，由$p=\frac{h}{\lambda}$得$\frac{h}{\lambda_2}-\frac{h}{\lambda_1}=\frac{h}{\lambda}$，所以$\lambda=\frac{\lambda_1\lambda_2}{\lambda_1-\lambda_2}$。

7.答案　AD

［解析］　光电效应、康普顿效应能说明光具有粒子性，A、D正确；

光的干涉、光的偏振能说明光具有波动性，B、C错误。

8.答案　5.96×10^{-32}m

［解析］　根据物质波的公式有

$\lambda=\frac{h}{p}=\frac{h}{mv}$

解得$\lambda=5.96\times10^{-32}$m

波长的值非常小，比一般的现实生活中物体的尺寸均小得多，因此日常生活中没有察觉到物体波动性。

9.［解析］（1）1.5×10^{-23} kg·m/s；（2）$U=\frac{h^2}{2em\lambda^2}$，$8\times10^2$ V

（1）由$\lambda=\frac{h}{p}$，得电子的动量为

$p=\frac{h}{\lambda}=\frac{6.6\times10^{-34}}{10^{-4}\times440\times10^{-9}}$ kg·m/s

$=1.5\times10^{-23}$ kg·m/s

（2）由动能定理有

$eU=E_k-0$

又$E_k=\frac{p^2}{2m}$，$\lambda=\frac{h}{p}$

联立解得$U=\frac{h^2}{2em\lambda^2}$

代入数据，解得$U\approx8\times10^2$ V

10.［解析］　（1）由$c=\lambda\nu$

得，该激光的频率大小为

$\nu=\frac{c}{\lambda}=\frac{3\times10^8}{510\times10^{-9}}\approx5.9\times10^{14}$Hz

（2）由$p=\frac{h}{\lambda}$

得，单个激光光子的动量大小为

$P=\frac{6.63\times10^{-34}}{510\times10^{-9}}$ kg·m·s^{-1}

$=1.3\times10^{-27}$ kg·m·s^{-1}

（3）因为单个光子的能量为$\varepsilon=h\nu$

所以每次“点焊”视网膜需要激光光子的数量为

$n=\frac{E}{\varepsilon}=\frac{2\times10^{-3}}{6.63\times10^{-34}\times5.9\times10^{14}}$

$\approx5\times10^{15}$

专题　光电效应方程、图像及应用

1.答案　B

［解析］　由光子的能量$\varepsilon=\frac{hc}{\lambda}$和爱因斯坦光电效应方程$E_{k1}=h\frac{c}{\lambda}-W_0$有$E_{k2}=h\frac{4c}{3\lambda}-W_0$，又$E_{k1}:E_{k2}=1:2$，化简即得逸出功$W_0=\frac{2hc}{3\lambda}$，选项B正确。

2.答案　C

［解析］　由$eU_c=E_{km}=h\nu-W_0$得

$U_c=\frac{h}{e}\nu-\frac{W_0}{e}$

入射光的频率与遏止电压成线性关系但不是正比关系，故A错误；

由公式$W_0=h\nu_0$

得金属的截止频率$\nu_0=a$

故B错误；

结合图像得

$k=\frac{h}{e}=\frac{b}{a}$，$\frac{W_0}{e}=b$

故金属的逸出功$W_0=eb$，普朗克常量$h=\frac{eb}{a}$，故C正确，D错误。

3.答案　C

［解析］　波长$\lambda=10$ μm$=1\times$

10^{-5} m的红外光在真空中的频率为

$f=\frac{c}{\lambda}=3\times10^{13}$ Hz故A错误；

将图甲中的电源反接，根据乙图，反向电压低于遏止电压，即低于0.02 V时，电流表的示数不为零，故B错误；

C.由乙图可知遏止电压为$U_c=2\times10^{-2}$ V，根据

$eU_c=E_k=h\nu-W_0$

代入数据解解得

$W_0=0.1\text{eV}$

故C正确；

D.若人体温度升高，则辐射红外线的强度增大，单位时间逸出的光电子的个数增加，光电流增大，但红外线的频率不变，由$E_k=h\nu-W_0$得电子逸出最大初动能不变，故D错误。

4.答案　C

［解析］　将光电效应方程$E_k=h\nu-W_0$与图像对应，可知$E_k-\nu$图像的斜率为普朗克常量h，即有

$$h=\frac{E_1}{\nu_0}$$

纵截距的绝对值为金属的逸出功，即$|-E|=W_0$

横截距ν_0为金属的截止频率，故金属的逸出功$W_0=h\nu_0$。故AB错误；根据光电效应方程能$E_k=h\nu-W_0$可知入射光的频率为$2\nu_0$时，产生的光电子的最大初动能为$h\nu_0$，故C正确；

当$\nu>\nu_0$时，根据光电效应方程$E_k=h\nu-W_0$可知　$E_k>0$

当频率ν变为2ν后，其光电子的最大初动能

$$E_k'=2h\nu-W_0>2\left(h\nu-W_0\right)=2E_k$$

故D错误。

5.答案　A

［解析］　根据光电效应方程有$E_{km}=h\nu-W_0$其中W_0为金属的逸出功，则有$W_0=h\nu_c$。由此可知在$E_k-\nu$图像中，斜率表示普朗克常量h，横轴截距大小表示该金属截止频率的大小。由题意可知，乙的截止频率小于甲的截止频率，乙的逸出功小于甲的逸出功，因此由$W_0=h\nu_c$可知，且斜率相同，故A正确，B、C、D错误。

6.答案　C

［解析］　根据光电效应方程$eU=h\nu-W=E_{km}$

因为　$U_1>U_2$

$\nu_1>\nu_2, E_{k1}>E_{k2}$

AB错误；

根据光电效应方程

$eU_1=h\nu_1-W$

$eU_2=h\nu_2-W$

联立有

$$h=\frac{e\left(U_1-U_2\right)}{\nu_1-\nu_2}$$

C正确；

根据光电效应方程

$eU_1=h\nu_1-W$

$eU_2=h\nu_2-W$

联立有

$$W=\frac{e\left(\nu_2U_1-\nu_1U_2\right)}{\nu_1-\nu_2}$$

D错误。

7.答案　A

［解析］　题中图像反映了光电子的最大初动能E_k与入射光频率ν的关系，根据爱因斯坦光电效应方程$E_k=h\nu-W_0$知，当入射光的频率恰为该金属的截止频率ν_c时，光电子的最大初动能$E_k=h\nu-W_0$　$E_k=0$，此时有$h\nu=W_0$，即该金属的逸出功为E，故选项A、B正确，选项C、D错误。

8.答案　BD

［解析］　入射光的频率增大，光电子的最大初动能增大，则遏止电压增大，测遏止电压时，应使滑动变阻器的滑片P向N端移动，A错误；

根据光电效应方程

$E_{km}=h\nu-W_0$

知光电子的最大初动能与入射光的强度无关，C错误；

当遏止电压为零时，$\nu=\nu_c$，根据$E_{km}=h\nu-W_0=eU_c$

解得　$U_c=\frac{h\nu}{e}-\frac{h\nu_c}{e}$

则　$h=\frac{U_1e}{\nu_1-\nu_c}$

9.答案　B

［解析］　光子能量为$E=h\nu$

A错误；

在Δt时间内通过的电荷量为

$q=I\Delta t$

在Δt时间内阴极K逸出的电子数是

$$N=\frac{I\Delta t}{e}$$

B正确；

阴极K金属的逸出功

$W_0=h\nu_0$

C错误；

光电子到达阳极时，根据能量守恒得

$$h\nu+eU=W_0+\frac{1}{2}mv^2$$

解得

$$v=\sqrt{\frac{2\left(eU+h\nu-h\nu_0\right)}{m}}$$

D错误。

10.答案　AD　钠　3.2ev

［解析］(1)本实验是研究阴极K的遏止电压与照射光频率的关系，所

以电源正极应与阴极相连。A正确，B错误；

根据光电效应方程及动能定理得

$E_{km}=U_ce=h\nu-W_0$

不同材料的图像的斜率相同，C错误，D正确。

故选AD。

(2)因为钙的横截距较大，故逸出功较大，所以钠更容易发生光电效应。

$W_0=h\nu-U_ce=$

$\frac{6.63\times10^{-34}\times7.73\times10^{14}}{1.6\times10^{-19}}\text{ eV}=3.2\text{ eV}$

章末测试题

1.答案　A

［解析］　电子显微镜的分辨率比光学显微镜更高，是因为电子物质波的波长比可见光短，和可见光相比，电子物质波更不容易发生明显衍射，所以分辨率更高，A正确。

2.答案　B

［解析］　由题干图像可以看出，随着温度的升高，各种波长的辐射强度都有增加，且辐射强度的极大值向波长较短的方向移动，故B错误，A、C正确；随着温度的升高，黑体的辐射强度仍然是随波长的增大而先增大再减小，故D正确。此题选择错误的选项，故选B。

3.答案　A

［解析］　显微镜的分辨能力与波长有关，波长越短其分辨率越高，由$\lambda=\frac{h}{p}$知，如果把质子加速到与电子相同的速度，因质子的质量更大，则质子的波长更短，分辨能力更高。

4.答案　D

［解析］　由题意知像素越高形成照片的光子数越多，表现的波动性越强，照片越清晰，D项正确。

5.答案　D

［解析］　由题意知，A光光子的能量大于B光光子，根据$E=h\nu=h\frac{c}{\lambda}$，得$\lambda_1<\lambda_2$；又因为单色光$B$只能使金属$C$产生光电效应现象，不能使金属$D$产生光电效应现象，所以$W_C<W_D$，故正确选项是D。

6.答案　D

［解析］　逸出功与照射光的频率无关，由金属本身决定，选项A错误；光电子的最大初动能与照射光的频率有关，与照射光的强度无关，选项B错误；$\nu<\nu_c$时，即照射光的频率小于截止频率时，不会发生光电效应，无光电子逸出，选项C错误；由光电效应方程$E_k=h\nu-W_0$可知，图线的斜率即为普朗克常量，选项D正确。

7.答案　A

［解析］　$E_3-E_1=hc/\lambda_1$，$E_3-E_2=hc/\lambda_2$，$E_2-E_1=hc/\lambda$，根据$E_3-E_1=(E_3-E_2)+(E_2-E_1)$，可得$hc/\lambda_1-hc/\lambda_2=hc/\lambda$，则$\lambda=\frac{\lambda_1\lambda_2}{\lambda_2-\lambda_1}$。

8.答案　B

［解析］　假设阴极K金属中的电子吸收的光子个数为n(n为整数且$n>1$)，则光电子的最大初动能$E_k=nh\nu-W$，又因为$E_k=eU$，解得$U=\frac{nh\nu}{e}-\frac{W}{e}$，故B正确，A、C、D错误。

9.答案　AD

［解析］　能否发生光电效应与入射光的照射频率有关，当入射光的频率大于极限频率时，才能发生光电效应现象，紫光的频率大于其他可见光的频率，所以其他可见光照射锌板不一定发生光电效应，故A正确；光电子的最大初动能与入射光的频率有关，与光强无关，故B错误；图丙是康普顿效应，说明光子具有粒子性，故C错误；戴维森和汤姆孙分别利用晶体做了电子束衍射的实验，得到了题图丁的衍射图样，从而证实电子具有波动性，故D正确。

10.答案　BD

［解析］　根据$E_k=h\nu-W_0=\frac{hc}{\lambda}-h\nu_c$。光源$S$发出的光束最大波长$\lambda_{max}=\frac{c}{\nu_c}=\frac{3\times10^8}{6.00\times10^{14}}\text{m}=5\times10^{-7}\text{ m}=0.5\ \mu\text{m}$，即要使该探测器正常工作，光源$S$发出的光束波长不能大于0.5 μm，故A错误；光源S发出的光能使光电管发生光电效应，那么光源越强，被烟雾散射进入光电管C的光越多，越容易探测到烟雾，即光电烟雾探测器灵敏度越高，故B正确；光束遇到烟雾发生散射是一种反射现象，故C错误；光电流等于10^{-8} A时，每秒产生的光电子的个数$n=\frac{It}{e}=\frac{10^{-8}\times1}{1.6\times10^{-19}}=6.25\times10^{10}$，每秒射向$C$中钠表面的光子最少数目$N=\frac{n}{5\%}=\frac{6.25\times10^{10}}{5\%}=1.25\times10^{12}$，故D正确。

11.答案　AC

［解析］　根据带电粒子在电场磁场中的偏转规律可得A、C正确。

12.答案　近　6　增大　减小　减小

［解析］　量子数越大，轨道越远，电子处在$n=3$轨道上比处在$n=5$

轨道上离氦核的距离要近;处在n=4的激发态时,由于跃迁所发射的谱线有C_4^2=6条。轨道半径越小,根据库仑引力提供向心力,判断核外电子运动的速度的变化,从而判断出电子动能的变化,根据能量的变化得出电势能及总能量的变化

13.答案 (1)阳极 (2)5.15×10^{14} 3.41×10^{-19}

(3)1.23×10^{-19}

[解析] (1)在光电效应中,电子向A极运动,故电极A为光电管的阳极。(2)由题图可知,铷的极限频率ν_c为5.15×10^{14} Hz,逸出功$W_0=h\nu_c=6.63\times10^{-34}\times5.15\times10^{14}$ J$=3.41\times10^{-19}$ J。(3)当入射光的频率为$\nu=7.00\times10^{14}$ Hz时,由$E_k=h\nu-h\nu_c$得,光电子的最大初动能为$E_k=6.63\times10^{-34}\times(7.00-5.15)\times10^{14}$ J$=1.23\times10^{-19}$ J。

14.答案 5.8×10^{18}

[解析] 波长为λ的光子能量为$\varepsilon=h\nu=h\frac{c}{\lambda}$①

设白炽灯每秒内发出的光子数为n,白炽灯电功率为P,则$n=\frac{\eta P}{\varepsilon}$②

式中η=5%是白炽灯的发光效率

联立①②式得$n=\frac{\eta P\lambda}{hc}$

代入题给数据得$n=5.8\times10^{18}$。

15.答案 (1)8.21×10^{14} Hz

(2)1×10^6 m/s

[解析](1)n=2时,$E_2=\frac{-13.6}{2^2}$ eV$=-3.4$ eV

$n=\infty$时,$E_\infty=0$,所以要使处于n=2激发态的氢原子电离,电离能为$\Delta E=E_\infty-E_2=3.4$ eV

$\nu=\frac{\Delta E}{h}=\frac{3.4\times1.6\times10^{-19}}{6.63\times10^{-34}}$ Hz$=8.21\times10^{14}$ Hz。

(2)波长为200 nm的紫外线一个光子所具有的能量

$E_0=h\nu=h\frac{c}{\lambda}=6.63\times10^{-34}\times\frac{3\times10^8}{200\times10^{-9}}$ J$=9.945\times10^{-19}$ J

电离能$\Delta E=3.4\times1.6\times10^{-19}$ J$=5.44\times10^{-19}$ J

由能量守恒有$E_0-\Delta E=\frac{1}{2}mv^2$

代入数值解得$v=1\times10^6$ m/s。

第五章 原子核

课时作业1 原子核的组成

基础训练

1.答案 B

2.答案 D

[解析] γ射线是高频率的电磁波,它是伴随α或β衰变放出的,故A错误;三种射线中穿透能力最强的是γ射线,α射线穿透能力最弱,电离作用最强的是α射线,γ射线电离作用最弱,故B、C错误;β射线是原子核内的中子变为质子时放出的电子,是高速的电子流,故D正确。

3.答案 B

[解析] α粒子散射现象证明了原子的核式结构模型。天然放射现象的射线都是原子核内部变化造成的。光电效应现象是核外电子吸收光子后,克服逸出功逃脱核的束缚成为光电子。原子发光现象是核外电子的从高能级向低能级跃迁时发射光子。

4.答案 A

[解析] 原子核由质子和中子组成,质子带正电,中子不带电,质量数=质子数+中子数,而电荷数等于质子数,所以B、C、D错误。

5.答案 C

[解析] 元素的不同同位素的原子核内质子数是一定的,只是中子数不同,设质子数为Q,则$N+Q=A$,故$N=A-Q$,Q是定值,故选C。

6.答案 B

[解析] 在$^{234}_{90}$Th中,左下标为质子数,左上标为质量数,则y=90;中性原子的核外电子数等于质子数,所以x=90;中子数等于质量数减去质子数,z=234−90=144,所以B正确。

7.答案 CD

[解析] 根据原子核的表示方法得质子数为83,质量数为210,故中子数为210−83=127个,而质子和中子统称核子,故核子数为210个,因此C、D项正确。由于不知道原子的电性,就不能判断核外电子数,故A、B项不正确。

能力提升

8.答案 A

[解析] 由题知该同位素核外电子数=质子数=67,中子数为166−67=99,故核内中子数与核外电子数之差为99−67=32,故A对,B、C、D错。

9.答案 B

[解析]因α射线的电离作用使空气电离,从而带电体的电荷很快消失,选项B正确。

10.答案 C

［解析］ 由图甲可知α射线和β射线都不能穿透钢板，γ射线的穿透力最强，可用来检查金属内部的伤痕，答案为C。

11.答案 AC

［解析］ 原子核的原子序数与核内质子数、核电荷数、核外电子数都是相等的，且原子核内的质量数（核子数）等于核内质子数与中子数之和.由此知这两种镭的同位素核内的质子数均为88，核子数分别为228和226，中子数分别为140和138；原子的化学性质由核外电子数决定，因为它们的核外电子数相同，所以它们的化学性质也相同.故选A、C。

12.答案 （1）2个暗斑，分别是β、γ射线的痕迹 （2）10∶1

［解析］ （1）一张显影纸即可挡住α射线。

（2）$qE=qvB$，所以$B=\frac{E}{v}\propto\frac{1}{v}$

故$B_{\alpha}:B_{\beta}=v_{\beta}:v_{\alpha}=10:1$。

课时作业2 放射性元素的衰变

基础训练

1.答案 D

［解析］ 原子核是由带正电的质子和不带电的中子组成的，原子核内并不含电子，但在一定条件下，一个中子可以转化成一个质子和一个电子，其转化可用下式表示：$^{1}_{0}n\rightarrow^{1}_{1}H+^{0}_{-1}e(\beta)$。由上式可看出β粒子（电子）是由原子核内的中子转化而来的，故正确答案为D。

2.答案 A

3.答案 C

［解析］ 一次衰变不可能同时产生α射线和β射线，只可能同时产生α射线和γ射线或β射线和γ射线；原子核发生β衰变后，新核的核电荷数发生了变化，故新核（新的物质）的化学性质理应发生改变；发生正电子衰变时，新核质量数不变，核电荷数减少1。

4.答案 CD

［解析］ 根据衰变规律，发生一次α衰变减少两个质子和两个中子，发生一次β衰变减少一个中子而增加一个质子。中性原子的电子数等于质子数，故C、D正确。

5.答案 B

［解析］ 每经一次α衰变，质量数减少4，电荷数即原子序数减少2，故$A=253+6\times4=277$，$Z=100+6\times2=112$，故B选项正确。

6.答案 A

［解析］ 放射性元素的半衰期是指放射性元素的原子核半数发生衰变所需的时间，它反映了放射性元素衰变速度的快慢，若半衰期越短，衰变越快；某种元素的半衰期长短由其本身因素决定，与它所处的物理、化学状态无关，故A正确，B、C、D错误。

7.答案 D

［解析］ 碘131释放的β射线由电子组成，γ光子能量（频率）大于可见光光子能量，碘131比铯137半衰期短，衰变更快，故选D。

8.答案 C

［解析］ 由半衰期公式知，经过4个半衰期后，该药物中碘131的含量大约还有$m/16$。故选C。

能力提升

9.答案 ABC

［解析］ 粒子之间作用过程中满足动量守恒，由于初始动量为零，则末动量为零，即α粒子和反冲核的动量大小相等，方向相反，由于释放α粒子和反冲核均处于垂直于磁场的平面内，且在洛伦兹力作用下做匀速圆周运动，由$qvB=\frac{mv^2}{R}$得$R=\frac{mv}{qB}$。若原来放射性元素的核电荷数为Z，则α粒子有$R_1=\frac{P_1}{B\cdot2e}$，对反冲核$R_2=\frac{P_2}{B\cdot(Z-2e)}$，由于$P_1=P_2$，$R_1:R_2=44:1$，得$Z=90$，它们的速度大小与质量成反比，可知选项D错误。

10.答案 C

［解析］ 设衰变周期为T，那么$m=(\frac{1}{2})^{\frac{1}{T}}m_0$。可见，随着$t$的增长物体的质量越来越小，且变化越来越慢，很显然C选项图线符合衰变规律。

11.答案 B

［解析］ 根据电流的定义式$I=\frac{q}{t}$，该段时间内产生的电荷量为$q=It=5.0\times10^{-8}\times3.2\times10^{4}\,C=1.6\times10^{-3}\,C$，根据衰变方程得$^{3}_{1}H\rightarrow^{3}_{2}He+^{0}_{-1}e$，可知这段时间内发生β衰变的氚核$^{3}_{1}H$的个数为$n=\frac{q}{e}=\frac{1.6\times10^{-3}}{1.6\times10^{-19}}=1.0\times10^{16}$，故B正确，A、C、D错误。

12.答案 （1）见［解析］ （2）$\frac{121}{4}v$

［解析］ （1）$^{238}_{92}U\rightarrow^{234}_{90}Th+^{4}_{2}He$。

（2）设另一新核的速度为v'，铀核质量为$238m$，由动量守恒定律得$238mv=234m+4mv'$，得$v'=\frac{121}{4}v$。

课时作业3　核力与结合能

基础训练

1.答案　BCD

2.答案　ABC

［解析］　除 $_1^1H$ 外的原子核均有两个或两个以上的核子，故都有结合能，故A正确；比结合能的大小反映了原子核的稳定性，中等大小核的比结合能大于较重或较轻核的比结合能，所以中等大小核的稳定性最好，故B、C正确，D错误。

3.答案　D

［解析］　根据爱因斯坦质能方程 $\Delta E=\Delta mc^2$，得 $\Delta m=\frac{\Delta E}{c^2}\approx10^9 kg$。

4.答案　D

［解析］　$E=mc^2$ 中 E 为质量为 m 的物质所对应具有的能量，不是核反应中释放的能量，所以D选项错误。

5.答案　C

［解析］　核反应中核能的变化是因为核子间存在着特别强大的核力，不是因为万有引力，也不是因为库仑力或磁场力，这些力与核力相比都很小，故C正确。

6.答案　A

［解析］　反应过程需要能量为：$E=mc^2=(36.956\ 91\ u+0.000\ 55\ u-36.956\ 58\ u)c^2$ 根据1 u质量对应的能量为931.5 MeV，得：$E\approx0.82$ MeV，所以中微子的能量最小为0.82 MeV。

能力提升

7.答案　BD

［解析］　质能方程 $E=mc^2$ 表明某一定量的质量与一定量的能量是相联系的，当物体获得一定的能量，即能量增加某一定值时，它的质量也相应增加一定值，并可根据 $\Delta E=\Delta mc^2$ 进行计算，故B、D对。

8.答案　C

［解析］　根据质能方程可知，轻核的聚变和重核的裂变过程，都存在质量亏损，都向外界放出能量，故B错误；根据题干图像可知，当质量较小时，比结合能随着质量的增加而增大，但在 $_3^6Li$ 处减小；当质量较大时，比结合能随着质量的增加而减小，故A错误、C正确；一重原子核衰变成α粒子和另一原子核，该过程中要释放能量，根据质能方程可知衰变产物的质量之和一定小于原来重核的质量，故D错误。

9.答案　C

［解析］　动能 $E_k=\frac{1}{2}mv^2=\frac{p^2}{2m}$，衰变过程动量守恒，α粒子与新核动量大小相等，动能与质量成反比，α粒子和反冲核的总动能 $E=E_\alpha+\frac{4}{218}E_\alpha=\frac{111}{109}E_\alpha$

由 $\Delta E=\Delta mc^2$ 得 $\Delta m=\frac{111E_\alpha}{109c^2}$。

10.答案　C

［解析］　因质量增加吸收的能量为：

$\Delta E=(m_p+m_n-m_D)c^2$…①

设质子、中子的动能为 E_k，根据能量守恒有：$E-\Delta E=2E_k$…②

联立①②解得：$E_k=[(m_D-m_p-m_n)c^2+E]$

11.答案　(1)$3_2^4He\rightarrow{}_6^{12}C$

(2)1.165×10^{-12} J

(3)7.28 MeV

［解析］　反应前后的质量发生改变，根据 $\Delta E=\Delta mc^2$ 可求解出结论。

(1)$3_2^4He\rightarrow{}_6^{12}C$。

(2)$\Delta m=3\times4.002\ 6\ u-12.000\ 0\ u=0.007\ 8\ u=12.948\times10^{-30}$ kg，

$\Delta E=\Delta mc^2=1.165\times10^{-12}$ J。

(3)$\Delta E=1.165\times10^{-12}$ J=7.28 MeV。

课时作业4　核裂变与核聚变

基础训练

1.答案　BC

［解析］　铀核受到中子的轰击，会引起裂变，放出2~3个中子，裂变的产物是各种各样的，具有极大的偶然性，只是裂变成两块的情况多，也有的裂变成多块，A错误，B正确；铀235受慢中子的轰击时，裂变的概率大，而铀238只能俘获能量在1 MeV以上的中子才能引起裂变，且裂变的概率小，C正确；要引起链式反应，需使铀块体积大于或等于临界体积，D错误。

2.答案　B

［解析］　核反应质子数守恒：$92=a+38$；

核反应质量数守恒：$235+1=140+b+2$；

联立得 $a=54$，$b=94$. 故B正确，A、C、D错误。

3.答案　AB

［解析］　核电站与火电站相比，相等质量的核燃料放出的能量比煤放出的能量要大很多，地球上可开采核矿石储量所能提供的能量约为煤、石油的15倍，只要措施得当，核电站造成的污染很小，核能属于清洁能源，A、B均正确，C错误；核电站的建造难度较大，D错误。

4.答案　ABC

［解析］ A选项中是两个质量较轻的核结合成了一个质量较重的核，是聚变反应，故A选项正确；B选项的核反应中是铀核捕获中子裂变为两个（或更多）中等质量的核，并放出几个中子，是裂变反应，故B选项正确；在C选项的核反应中没有中子的轰击自发地放出了α粒子，是α衰变，C选项是正确的；而D应是β衰变，故答案为A、B、C。

5.答案　D

［解析］ 地球上每升水中含有0.03 g的氘，氚可以利用锂制取，聚变燃料丰富，故A正确；轻核聚变需要高温，一旦出现故障，高温不能维持，反应自动停止，且反应产生的氦没有放射性，聚变时高速中子、质子与其他物质反应而生成的放射性物质，比裂变反应堆生成的废物数量少，放射废料少，容易处理，故B正确；相同质量的核燃料，轻核聚变反应中产生的能量更多，产能效率高，故C正确；环流器是利用磁约束，而不是聚变物质的惯性进行约束，故D不正确。

6.答案　BCD

［解析］ 人造太阳的核反应是氘核和氚核进行的核聚变反应，A错误，C正确；核聚变过程中出现质量亏损，根据爱因斯坦质能方程$\Delta E=\Delta mc^2$可求出核反应释放的能量，B正确；聚变反应必须在极高温度下，使参与核反应的原子核间的距离接近10^{-15} m的范围以内才能够发生，故D正确。

能力提升

7.答案　D

［解析］ 铀238具有放射性，放出一个α粒子，变成钍234，A项正确；铀238和铀235质子数相同，互为同位素，B项正确；核辐射能导致基因突变，是皮肤癌和白血病的诱因之一，C项正确；贫铀弹的穿甲能力很强，是因为它的弹芯是由高密度、高强度、高韧性的铀合金组成，袭击目标时产生高温化学反应，所以其爆炸力、穿透力远远超过一般炸弹，D项错。

8.答案　BD

［解析］ 反应堆中核反应速度由控制棒（镉棒）吸收中子的多少来控制，A错；U裂变有多种可能性，这是其中常见的一种，B对；放射性元素的半衰期由原子核本身决定，与温度压强等外界条件无关，C错；通过计算知，D正确。

9.答案　D

［解析］ 6个中子和6个质子可结合成3个α粒子，放出能量3×28.3 MeV=84.9 MeV，3个α粒子再结合成一个碳核，放出7.26 MeV能量，故6个中子和6个质子结合成一个碳核时，释放能量为84.9 MeV+7.26 MeV=92.16 MeV。

10.答案　（1）3.26 MeV

（2）0.99 MeV　2.97 MeV

［解析］ （1）核反应方程为${}_1^2H+{}_1^2H\rightarrow{}_2^3He+{}_0^1n$

反应质量亏损$\Delta m=2m_D-m_{He}-m_n=0.003\ 5$ u。

由质能方程得释放核能$\Delta E=\Delta m\times931.5$ MeV=0.003 5×931.5 MeV=3.26 MeV。

（2）将两氘核作为一个系统

由动量守恒定律有$0=m_{He}v_{He}+m_nv_n$①

由能量守恒定律有$\frac{1}{2}m_{He}v_{He}{}^2+\frac{1}{2}m_nv_n{}^2=\Delta E+2E_{k0}$②

由①②代入数据可得$E_{kHe}=0.99$ MeV

$E_{kn}=2.97$ MeV。

章末测试题

一、选择题

1.答案　B

［解析］ α粒子散射实验证明了原子的核式结构模型，故A错误；天然放射现象在原子核内部发生，说明原子核具有复杂结构，故B正确；电子的发现说明原子具有复杂结构，故C错误；玻尔的原子模型中提出了定态和跃迁的概念，成功地解释了氢原子光谱的实验规律，故D错误。

2.答案　D

［解析］ ${}_{92}^{238}U$衰变为${}_{91}^{234}Pa$要经过1次α衰变和1次β衰变，A错误；β射线是高速电子流，B错误；半衰期与原子所处的物理、化学状态无关，C错误；天然放射现象说明原子核可分，D正确。

3.答案　B

［解析］ 将强磁场撤去，每分钟观察到荧光屏上的亮点数基本没有变化，说明磁场对穿过p的射线粒子没有影响，可知射到屏上的是不带电的γ射线；再将厚0.5 mm左右的薄铝箔移开，则每分钟观察到荧光屏上的亮点数明显增加，说明除接收到γ射线外，又收到了原来被薄铝箔p挡住的射线，而厚度为0.5 mm左右的铝箔能挡住的只有α射线，所以此放射源应是α射线和γ射线的混合放射源。故正确选项为B。

4.答案 C

[解析] 对于A选项，此核反应是聚变反应，反应剧烈，至今可控聚变反应还处于各种实验研究阶段，所以不宜采用，故A错误；对于B选项，此核反应是重核裂变反应，虽然实现了人工控制，但因反应剧烈，防护要求高还不能小型化，目前只是一些大型的核电站采用，故B错误；对于C选项，此核反应是人工放射性同位素的衰变反应，是小型核能电池主要采用的反应方式，故C正确；对于D选项，此核反应是人工核转变反应，需要高能α粒子，在月球上不宜实现，故D错误。

5.答案 C

[解析] 题图甲中的γ射线是伴随放射性元素的衰变产生的，故A错误；题图乙原子核衰变放出β粒子，是由于发生β衰变产生的，β衰变中生成的电子是一个中子转化为一个质子同时生成一个电子，这种转化产生的电子发射到核外，就是β粒子，但β粒子不是组成原子核的一种粒子，故B错误；γ射线具有较强的穿过本领，题图丙的γ射线测厚装置，若探测器测得的射线越弱，说明金属板厚度越厚，故C正确；半衰期是大量放射性元素的原子核有半数发生衰变所需的时间，对于少数的放射性原子不能使用，故D错误。

6.答案 D

[解析] 据题意可知，正负电子的能量转化为一对光子的能量，即 $2mc^2=2h\nu$，一个光子的能量 $E=h\nu=h\dfrac{c}{\lambda}=mc^2$，单个光子的动量 $p=\dfrac{h}{\lambda}=\dfrac{E}{c}=mc$，故A错误；根据质能方程可得：$\Delta m=\dfrac{\Delta E}{c^2}=\dfrac{2mc^2}{c^2}=2m$，故B错误；根据质量数守恒和电荷数守恒可得：$^{15}O$ 人体内衰变的方程是 $^{15}_{8}O\rightarrow ^{0}_{1}e+^{15}_{7}N$，故C错误；4.06 min 为二个半衰期，剩余 ^{15}O 为原来的四分之一，故D正确。

7.答案 C

[解析] 质量数和质量不能混淆，原子核Y的符号应表示为 $^{a-4}_{n-2}Y$，故A错误；因该核反应放出核能，则 $^{a}_{n}X$ 的比结合能小于Y核的比结合能，故B错误；根据动量守恒定律可得 $m_0v=Mv'$ 得 $v'=\dfrac{m_0v}{M}$，故C正确；因原子核Y也有动能，则原子衰变过程中释放的核能肯定大于 $\dfrac{1}{2}m_0v^2$，故D错误。

8.答案 BD

[解析] “人造太阳”是以超导磁场约束，让等离子气体达到上亿度的高温而发生轻核聚变，故A错误；根据质量数和核电荷数守恒，可以求出 $^{M}_{Z}X$ 为中子 $^{1}_{0}n$，$Z=0$，$M=1$，故B正确；1个氘核和1个氚核发生核聚变，可以放出17.6 MeV的能量，故C错误；轻核聚变产生物为氦核，没有辐射和污染，所以聚变比裂变更安全、清洁，故D正确。

9.答案 AD

[解析] 对于一个特定的衰变原子核，我们只知道它发生衰变的概率，并不知道它将何时发生衰变，故A正确；原子核经过2次α衰变后电荷数减小4，同时，经过一次β衰变，电荷数增加1，所以元素A经过2次α衰变和1次β衰变后电荷数减小3，则生成的新元素在元素周期表中的位置向前移3位，故B错误；β射线是原子核内部一个中子变成一个质子和电子产生的，故C错误；碘131的半衰期约为8天，经过32天后，碘131的剩余质量为 $m'=\dfrac{m}{16}$，故D正确。

10.答案 CD

[解析] 该核反应方程为 $^{235}_{92}U+^{1}_{0}n\rightarrow ^{144}_{56}Ba+^{89}_{36}Kr+3^{1}_{0}n$，故A错误；由于 $^{139}_{56}Ba$ 的核子数比 $^{235}_{92}U$ 少，可知 $^{139}_{56}Ba$ 的结合能比 $^{235}_{92}U$ 小，故B错误；根据发生链式反应的条件，铀块的体积不小于临界体积，故C正确；由质能方程可计算得产生的电能为 $E=\dfrac{1}{2}\times6.02\times10^{23}\times200\times10^{6}\times1.6\times10^{-19}$ J$=9.6\times10^{12}$ J，故D正确。

11.答案 3，大于

[解析] 根据根据电荷数和质量数守恒有：$92=56+36$，$235+1=144+89+x\times1$，解得 $x=3$，所以中子个数为3. 链式反应的条件：大于临界体积，因此当物质体积小于临界体积时，链式反应不能进行。

12.答案 正电子 56

[解析] 衰变方程为 $^{30}_{15}P\rightarrow ^{30}_{14}Si+^{0}_{+1}e$，即这种粒子是正电子。由图像可以看出 $^{32}_{15}P$ 的半衰期为14天，则 $4mg\times(\dfrac{1}{2})^{\frac{t}{14}}=0.25mg$，得 $t=56$ 天。

13.答案 (1) $^{14}_{7}N+^{1}_{0}n\rightarrow ^{14}_{6}C+^{1}_{1}H$ $^{14}_{6}C\rightarrow ^{14}_{7}N+^{0}_{-1}e$ (2)17 190年

[解析] (1)核反应方程为 $^{14}_{7}N+^{1}_{0}n\rightarrow ^{14}_{6}C+^{1}_{1}H$，$^{14}_{6}C\rightarrow ^{14}_{7}N+^{0}_{-1}e$。

(2)活体中的 $^{14}_{6}C$ 含量不变，生物死亡后，遗骸中的 $^{14}_{6}C$ 按衰变规律变化，设活体中 $^{14}_{6}C$ 的含量为 $N_{原}$，遗骸中的 $^{14}_{6}C$ 含量为 $N_{余}$，由半衰期的定义得：$N_{余}=N_{原}(\dfrac{1}{2})^{\frac{t}{\tau}}$，即 $0.125=(\dfrac{1}{2})^{\frac{t}{\tau}}$，

所以 $\frac{t}{\tau}=3$，$\tau=5\ 730$ 年，则 $t=17\ 190$ 年。

14.答案　(1)${}_{3}^{6}Li+{}_{0}^{1}n\rightarrow{}_{1}^{3}H+{}_{2}^{4}He$　(2)$\frac{7}{11}v$　$\frac{8}{11}v$　(3)$\frac{141mv^2}{121c^2}$

［解析］(1)根据质量数与电荷数守恒，可得核反应方程为 ${}_{0}^{1}n+{}_{3}^{6}Li\rightarrow{}_{1}^{3}H+{}_{2}^{4}He$。

(2)由动量守恒定律得 $m_nv=-m_Hv_1+m_{He}v_2$，

由题意得 $v_1:v_2=7:8$，解得 $v_1=\frac{7}{11}v$，$v_2=\frac{8}{11}v$。

(3)氚核和α粒子的动能之和为 $E_k=\frac{1}{2}\times3mv_1{}^2+\frac{1}{2}\times4mv_2{}^2=\frac{403}{242}mv^2$，

释放的核能为 $\Delta E=E_k-E_{kn}=\frac{403}{242}mv^2-\frac{1}{2}mv^2=\frac{141}{121}mv^2$，

由爱因斯坦质能方程得，质量亏损为 $\Delta m=\frac{\Delta E}{c^2}=\frac{141mv^2}{121c^2}$。

目录 CONTENTS

第一章 分子动理论 …… 1

课时作业1 分子动理论的基本内容 …… 1

课时作业2 实验:用油膜法估测油酸分子的大小 …… 4

课时作业3 分子运动速率分布规律 …… 6

课时作业4 分子动能和分子势能 …… 9

章末测试题 …… 11

第二章 气体、固体和液体 …… 15

课时作业1 温度和温标 …… 15

课时作业2 气体的等温变化 …… 18

课时作业3 气体的等压变化和等容变化 …… 22

专题 气体实验定律和理想气体状态方程的应用 …… 25

课时作业4 固体 …… 29

课时作业5 液体 …… 32

章末测试题 …… 35

第三章 热力学定律 …… 38

课时作业1 功、热和内能的改变 …… 38

课时作业2 热力学第一定律 …… 40

专题 理想气体状态方程和热力学第一定律的综合应用 …… 43

课时作业3 能量守恒定律 …… 47

课时作业4 热力学第二定律 …… 49

章末测试题 …… 51

第四章 原子结构和波粒二象性 …… 55
课时作业1 普朗克黑体辐射理论 …… 55
课时作业2 光电效应 …… 57
课时作业3 原子的核式结构模型 …… 60
课时作业4 氢原子光谱和玻尔的原子模型 …… 63
课时作业5 粒子的波动性和量子力学的建立 …… 66
专题 光电效应方程、图像及其应用 …… 69
章末测试题 …… 72

第五章 原子核 …… 76
课时作业1 原子核的组成 …… 76
课时作业2 放射性元素的衰变 …… 78
课时作业3 核力与结合能 …… 80
课时作业4 核裂变与核聚变 …… 82
章末测试题 …… 84

第一章 分子动理论

课时作业1　分子动理论的基本内容

基础训练

1.(多选)扩散现象说明了(　　)

A.物体是由大量分子组成的

B.物体内部分子间存在着相互作用力

C.分子间存在着空隙

D.分子在做无规则的运动

2.已知水银的摩尔质量为M,密度为ρ,阿伏加德罗常数为N_A,则水银分子的直径是(　　)

A.$\left(\frac{6M}{\pi\rho N_A}\right)^{\frac{1}{3}}$　　B.$\left(\frac{3M}{4\pi\rho N_A}\right)^{\frac{1}{3}}$

C.$\frac{6M}{\pi\rho N_A}$　　D.$\frac{M}{\rho N_A}$

3.把萝卜腌成咸菜通常需要几天,而把萝卜炒成熟菜,使之具有相同的咸味只需几分钟。造成这种差别的主要原因是(　　)

A.盐的分子太小了,很容易进入萝卜

B.盐分子间有相互作用的斥力

C.萝卜分子间有空隙

D.炒菜时温度高,分子热运动剧烈

4.(多选)关于布朗运动,下列说法中正确的是(　　)

A.液体的温度越高,布朗运动越明显

B.液体的温度越低,布朗运动越明显

C.悬浮的颗粒越小,布朗运动越明显

D.悬浮的颗粒越大,布朗运动越明显

5.下列现象中不能说明分子间存在相互作用力的是(　　)

A.两铅块能被压合在一起

B.钢绳不易被拉断

C.水不容易被压缩

D.空气容易被压缩

6.(多选)当两个分子间的距离为r_0时,正好处于平衡位置,下列关于分子间作用力与分子间距离的关系的说法,正确的是(　　)

A.当分子间的距离$r<r_0$时,它们之间的作用力为引力

B.当分子间的距离$r<r_0$时,它们之间的作用力为斥力

C.在分子间的距离从$0.5r_0$增大到$10r_0$的

过程中,分子间作用力先表现为斥力后表现为引力

D.在分子间的距离从$0.5r_0$增大到$10r_0$的过程中,分子间作用力逐渐减小

7.(多选)设某固体物质的摩尔质量为M,密度为ρ,此种物质样品的质量为m,体积为V,分子总数为N,阿伏加德罗常数为N_A,则下列表示一个分子的质量的表达式中正确的是(　　)

A.$\frac{N}{m}$　　B.$\frac{M}{N_A}$

C.$\frac{m}{N}$　　D.$\frac{m}{\rho N}$

8.(多选)某气体的摩尔体积为22.4 L/mol,摩尔质量为18 g/mol,阿伏加德罗常数为$6.02\times10^{23}\ mol^{-1}$,由以上数据可以估算出这种气体(　　)

A.每个分子的质量

B.每个分子的体积

C.每个分子占据的空间

D.分子之间的平均距离

9.(多选)下列说法正确的是(　　)

A.分子永不停息地做无规则运动

B.分子动理论是在一定实验基础上提出的

C.当分子间距离增大时,分子间作用力减小

D.酒精和水混合后,总体积减小,是因为酒精和水发生了化学反应

10.只要知道下列哪一组物理量,就可以估算出气体中分子间的平均距离(　　)

A.阿伏加德罗常数、该气体的摩尔质量和质量

B.阿伏加德罗常数、该气体的摩尔质量和密度

C.阿伏加德罗常数、该气体的质量和体积

D.该气体的密度、体积和摩尔质量

能力提升

11.关于布朗运动,下列说法中正确的是(　　)

A.布朗运动是微观粒子的运动,牛顿运动定律不再适用

B.布朗运动是液体(或气体)分子无规则运动的反映

C.强烈的阳光射入较暗的房间内,在光束中可以看到有悬浮在空气中的微尘不停地做无规则运动,这也是一种布朗运动

D.因为布朗运动的剧烈程度跟温度有关,所以布朗运动也叫作热运动

12.如图所示,把一块铅和一块金的接触面磨平磨光后紧紧压在一起,五年后发现金中有铅,铅中有金,对此现象说法正确的是(　　)

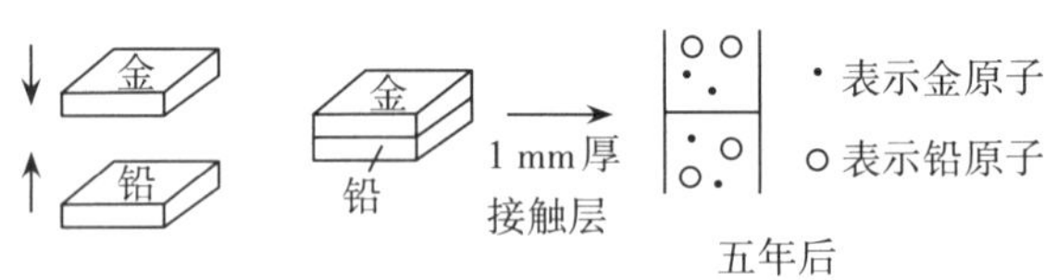

A.属扩散现象,原因是金原子和铅原子相互吸引

B.属扩散现象,原因是金原子和铅原子的运动

C.属布朗运动,小金粒进入铅块中,小铅粒进入金块中

D.属布朗运动,由于外界压力使小金粒、小铅粒彼此进入对方

13.(多选)关于布朗运动、扩散现象,下列说法中正确的是(　　)

A.布朗运动是固体微粒的运动,反映了液体或气体分子的无规则运动

B.布朗运动和扩散现象都需要在重力作用下才能进行

C.布朗运动和扩散现象在没有重力作用时也能进行

D.扩散现象直接证明了"组成物质的分子在永不停息地做无规则运动",而布朗运动间接证明了这一观点

14.(多选)利用分子间作用力的变化规律可以解释许多现象,下面的几个实例中利用分子间作用力对现象进行的解释,正确的是(　　)

A.锯条弯到一定程度就会断裂是因为断裂处分子之间的斥力起了作用

B.给自行车打气时越打越费力,是因为胎内气体分子多了以后互相排斥造成的

C.从水中拿出的一小块玻璃表面上有许多水,是因为玻璃分子吸引了水分子

D.玻璃碎了之后不能恢复原状,是因为碎裂处玻璃分子间距离较大,分子间作用力几乎可以忽略

15.金刚石俗称"金刚钻",也就是我们常说的钻石,它是一种由纯碳组成的矿物,也是自然界中最坚硬的物质。已知金刚石的密度ρ=3 500 kg/m^3,碳原子的摩尔质量为1.2×10^{-2} kg/mol,现有一块体积$V=5.7\times10^{-8}$ m^{3}的金刚石,阿伏加德罗常数为6.02×10^{23} mol^{-1}。(计算结果保留两位有效数字)

(1)它含有多少个碳原子?

(2)假如金刚石中碳原子是紧密地堆在一起的,把金刚石中的碳原子看成球体,试估算碳原子的直径。

课时作业2　实验:用油膜法估测油酸分子的大小

基础训练

1.利用油膜法估测油酸分子的直径,需要知道(　　)

A.油酸的质量和体积

B.油酸的质量和密度

C.油酸的体积和密度

D.油酸的体积和单分子油膜的面积

2.(多选)“用油膜法估测油酸分子的大小”实验的科学依据是(　　)

A.将油膜看成单分子油膜

B.不考虑各油酸分子间的间隙

C.考虑了各油酸分子间的间隙

D.将油酸分子看成球形

3.“用油膜法估测油酸分子的大小”实验中,纯油酸体积为V,在水面上形成近似圆形的单分子油膜,油膜直径为d,则油酸分子直径大小约为(　　)

A.$\frac{4V}{\pi d^2}$　　B.$\frac{\pi d^2}{4V}$

C.$\frac{2V}{\pi d^2}$　　D.$\frac{\pi d^2}{2V}$

4.体积为$1\times10^{-4}\ cm^3$的油酸,滴在水面上散开,形成一单分子油膜,则油膜面积的数量级为(　　)

A.$10^2\ cm^2$　　B.$10^4\ cm^2$

C.$10^6\ cm^2$　　D.$10^8\ cm^2$

5.“用油膜法估测油酸分子的大小”的实验采用使油酸在水面上形成一层__________的方法估测油酸分子的大小。油酸分子都是直立在水面上的,单分子油膜的厚度即等于油酸__________。根据配制的油酸酒精溶液的浓度,算出一滴溶液中纯油酸的体积V,测出这滴溶液形成油膜的面积S,即可算出油膜的厚度L=__________,即油酸分子的直径。

能力提升

6.在“用油膜法估测油酸分子的大小”实验中,以下几个主要的操作步骤,相应要获得的实验数据是:

(1)配制油酸酒精溶液时,必须记录并算出____________________。

(2)用滴管取配制好的油酸酒精溶液,然后逐滴滴入量筒中……。这一步是为了测出____________________。

(3)用滴管将配制好的油酸酒精溶液在水面上滴入1滴,待水面上形成的油膜形状稳定后……。这一步是为了测出____。

7.在“用油膜法估测油酸分子的大小”实验中,有下列实验步骤:

①往边长约为40 cm的浅盘里倒入约2 cm深的水,待水面稳定后将适量的爽身粉均匀地撒在水面上。

②用注射器将事先配好的油酸酒精溶液滴一滴在水面上,待油膜形状稳定。

③将画有油膜形状的玻璃板平放在坐标纸上，计算出油膜的面积，根据油酸的体积和油膜的面积计算出油酸分子直径的大小。

④用注射器将事先配好的油酸酒精溶液一滴一滴地滴入量筒中，记下量筒内每增加一定体积时的滴数，由此计算出一滴油酸酒精溶液中纯油酸的体积。

⑤将玻璃板放在浅盘上，然后将油膜的形状用彩笔描绘在玻璃板上。

完成下列填空：

(1)上述步骤中，正确的顺序是________。(填写步骤前面的数字)

(2)将1 mL的油酸溶于酒精，制成300 mL的油酸酒精溶液；测得1 mL的油酸酒精溶液有50滴。现取一滴该油酸酒精溶液滴在水面上，测得所形成的油膜的面积是0.13 m^2。由此估算出油酸分子的直径为___________m。(结果保留一位有效数字)

8.(1)(多选)某同学在“用油膜法估测油酸分子的大小”实验中，计算结果明显偏大，可能是由于(　　)

A.油酸未完全散开

B.油酸中含有大量的酒精

C.计算油膜面积时舍去了所有不足一个的方格

D.求每滴溶液体积时，1 mL的溶液的滴数多计了10滴

(2)在做“用油膜法估测油酸分子的大小”实验时，油酸酒精溶液的浓度为每1 000 mL溶液中有纯油酸0.1 mL，用注射器和量筒测得1 mL上述溶液有200滴，把一滴该溶液滴入盛水且表面撒有爽身粉的浅盘里，待油膜形状稳定后，测得油酸膜的近似轮廓如图所示，图中正方形小方格的边长为1 cm，则每一滴油酸酒精溶液中含有纯油酸的体积是______mL，油酸膜的面积是_______cm^2。根据上述数据，估测出油酸分子的直径是____________m。

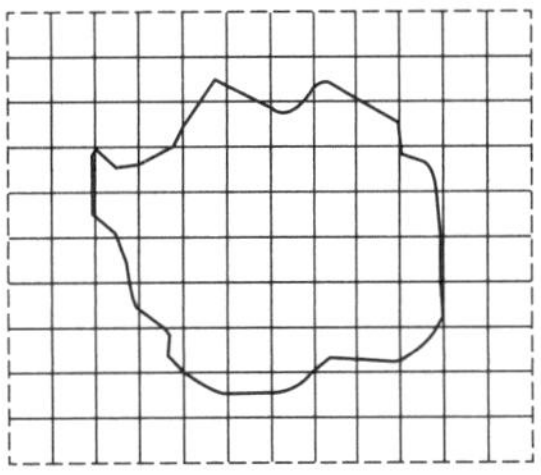

课时作业3 分子运动速率分布规律

基础训练

1.伽尔顿板可以演示统计规律。如图，让大量小球从上方漏斗形入口落下，最终小球都落在槽内。重复多次实验后发现( )

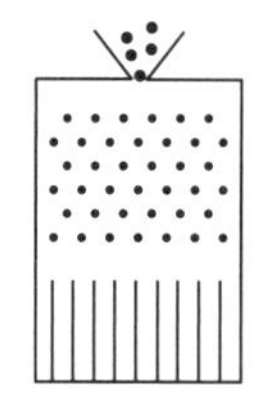

A.某个小球落在哪个槽是有规律的

B.大量小球在槽内的分布是无规律的

C.大量小球落入槽内后均匀分布在各槽中

D.越接近漏斗形入口处的槽内，小球聚集得越多

2.(多选)关于气体分子，下列说法正确的是( )

A.由于气体分子间的距离很大，气体分子在任何情况下都可以被视为质点

B.气体分子除了碰撞以外，可以自由地运动

C.气体分子之间存在相互作用的斥力，所以气体对容器壁有压强

D.在常温常压下，气体分子间的相互作用力可以忽略

3.1859年麦克斯韦从理论上推导出了气体分子速率的分布规律，后来有许多实验验证了这一规律。若以横坐标v表示分子速率，纵坐标$f(v)$表示各速率区间的分子数占总分子数的百分比，下面四幅图中能正确表示某一温度下气体分子速率分布规律的是( )

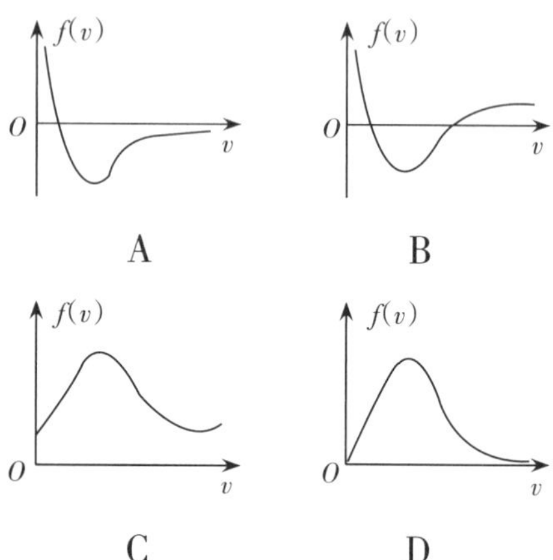

4.对一定质量的气体，通过一定的方法得到了某一速率的分子数目N与速率v的两条关系图线，如图所示，下列说法正确的是( )

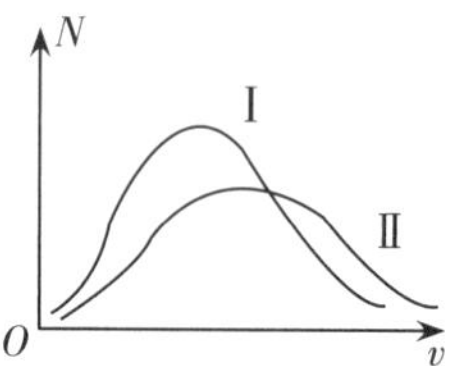

A.曲线Ⅰ对应的温度T_1高于曲线Ⅱ对应的温度T_2

B.曲线Ⅰ对应的温度T_1可能等于曲线Ⅱ对应的温度T_2

C.曲线Ⅰ对应的温度T_1低于曲线Ⅱ对应的温度T_2

D.无法判断两曲线对应温度的关系

5.关于密闭容器中气体的压强，下列说法正确的是( )

A.由于气体的重力而产生的

B.由于气体分子间的相互作用力而产生的

C.由于大量气体分子频繁碰撞器壁而产生的

D.在失重的情况下,密闭容器内的气体对器壁没有压强

6.(多选)一定质量的某种气体,在压强不变的条件下,体积增大,则(　　)

A.气体分子的平均速率增大

B.气体分子的平均速率减小

C.气体分子的平均速率不变

D.气体分子的数密度减小

7.(多选)对于一定质量的气体,下列说法正确的是(　　)

A.温度升高,气体中每个分子的速率都增大

B.在任一温度下,气体分子的速率分布都呈现"中间多、两头少"的分布规律

C.从微观角度看,气体的压强取决于气体分子的平均速率和分子数密度

D.温度不变时,气体的体积减小,压强一定增大

能力提升

8.下面关于气体压强的说法正确的是(　　)

①气体对器壁产生的压强是由于大量气体分子频繁碰撞器壁而产生的　②气体对器壁产生的压强等于作用在器壁单位面积上的平均作用力　③从微观角度看,气体压强的大小跟气体分子的平均速率和分子数密度有关　④从宏观角度看,气体压强的大小跟气体的温度和体积有关

A.只有①③对　　B.只有②④对

C.只有①②③对　　D.①②③④都对

9.下列关于气体的说法中,正确的是(　　)

A.由于气体分子运动的无规则性,密闭容器的器壁在各个方向上的压强可能会不相等

B.气体的温度升高时,所有的气体分子的速率都增大

C.一定质量的气体体积不变,气体分子的平均速率越大,气体的压强就越大

D.气体的分子数越多,气体的压强就越大

10.(多选)对一定质量的气体,下列说法正确的是(　　)

A.体积不变,压强增大时,气体分子的平均速率一定增大

B.温度不变,压强减小时,气体分子的数密度一定减小

C.压强不变,温度降低时,气体分子的数密度一定减小

D.温度升高,压强和体积都可能不变

11.(多选)A、B两容器中装有相同质量的氦气,已知A容器中氦气的温度高于B容器中氦气的温度,但压强却低于B容器中氦气的压强。由此可知(　　)

A.A中氦气分子的平均速率一定大于B中氦气分子的平均速率

B.A中每个氦气分子的速率一定都大于B中每个氦气分子的速率

C.A中速率大的氦气分子数一定多于B中速率大的氦气分子数

D.A中氦气分子的数密度一定比B中氦气分子的数密度小

12.(多选)下列说法中正确的是(　　)

A.一定质量的气体被压缩时,气体压强不一定增大

B.一定质量的气体温度不变,压强增大时,其体积必减小

C.气体压强是由气体分子间的斥力产生的

D.一定质量的气体,在压强不变时,分子每秒对器壁单位面积平均碰撞的次数随着温度降低而增加

13.从微观角度来看,气体压强的大小跟两个因素有关:一个是气体分子的平均速率,一个是分子的密集程度。如图所示,可以用豆粒作为气体分子的模型,演示气体压强产生的机理。为了模拟演示气体压强与气体分子的平均速率的关系,应该如何操作?

____

____

____。

为了模拟演示气体压强与气体分子密集程度的关系,应该如何操作?

____

____

____。

课时作业4 分子动能和分子势能

基础训练

1.下列说法中正确的是(　　)

A.温度是分子平均动能的标志,物体的温度越高,则分子的平均动能越大

B.温度是分子平均动能的标志,物体的温度升高,则物体的每一个分子的动能都增大

C.某物体当其内能增大时,则该物体的温度一定升高

D.甲物体的温度比乙物体的温度高,则甲物体内分子的平均速率比乙物体内分子的平均速率大

2.(多选)当氢气和氧气温度相同时,下列说法中正确的是(　　)

A.两种气体分子的平均动能相等

B.氢气分子的平均速率大于氧气分子的平均速率

C.两种气体分子热运动的总动能相等

D.两种气体分子热运动的平均速率相等

3.(多选)有一块铜温度升高了,下列说法中正确的是(　　)

A.铜块内所有分子的动能都增大了

B.铜块内分子的平均动能增大了

C.铜块内某些分子的动能可能减小了

D.铜块内分子的平均速率增大了

4.关于分子势能,下列说法中正确的是(设两分子相距无穷远时分子势能为零)(　　)

A.体积增大,分子势能增大,体积缩小,分子势能减小

B.当分子间距离$r=r_0$时,分子间作用力为零,所以分子势能为零

C.当分子间作用力为引力时,体积越大,分子势能越大

D.当分子间作用力为斥力时,体积越大,分子势能越大

5.(多选)关于物体的内能,下述说法中正确的是(　　)

A.物体的内能只与物体内分子的动能有关

B.物体内所有分子的动能与分子势能的总和叫作物体的内能

C.一个物体,当它的机械能发生变化时,其内能也一定发生变化

D.一个物体内能的多少与它的机械能多少无关

6.下列关于物体的温度、内能和热量的说法中,正确的是(　　)

A.物体的温度越高,所含热量越多

B.物体的内能越大,所含热量越多

C.物体的温度越高,它的分子热运动的平均动能越大

D.物体的动能越大,其内能越大

7.分子势能随分子间距离r的变化情况可以在如图所示的图像中表现出来,依据图像回答:

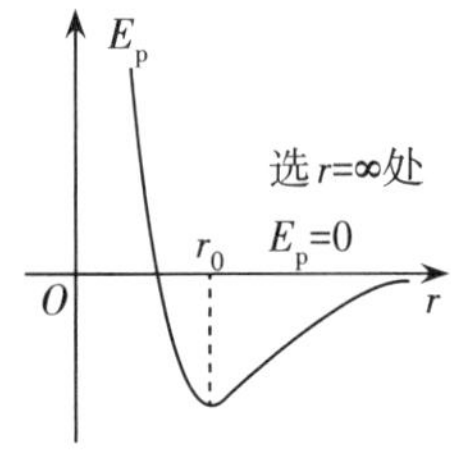

(1)从图中可看出分子间距离在r_0处,分子势能最小,试说明理由。

(2)图中分子势能为零的点选在什么位置?在这种情况下分子势能可以大于零,也可以小于零,也可以等于零,对吗?

(3)如果选两个分子相距r_0时分子势能为零,分子势能有什么特点?

能力提升

8.(多选)两个相距较远的分子仅在分子力作用下由静止开始运动,直至不再靠近。在此过程中,下列说法正确的是(　　)

A.分子间作用力先增大,后一直减小

B.分子间作用力先做正功,后做负功

C.分子动能先增大,后减小

D.分子势能先增大,后减小

9.关于物体的内能,以下说法正确的是(　　)

A.箱子运动的速度减小,其内能也减小

B.篮球的容积不变,且不漏气,内部气体的温度降低,则内部气体的内能将减小

C.物体的温度和体积均发生变化,其内能一定变化

D.一些特殊的物体可以没有内能

10.(多选)如图所示,甲分子固定在坐标原点O,乙分子沿x轴运动,两分子间的分子势能E_p与两分子间距离的关系如图中曲线所示。图中分子势能的最小值为$-E_0$。若两分子所具有的总能量为0,则下列说法中正确的是(　　)

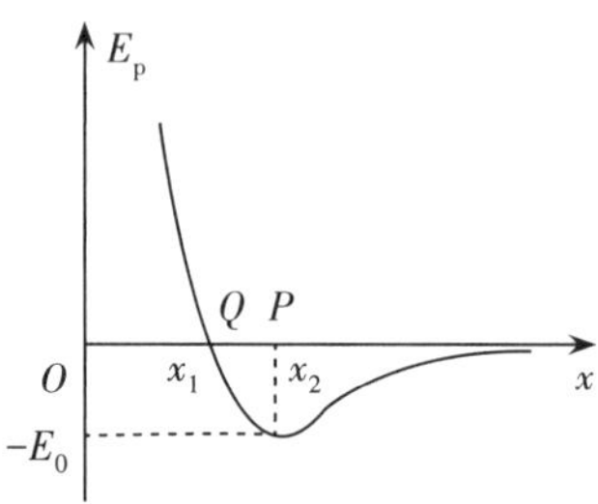

A.乙分子在P点($x=x_2$)时,加速度最大

B.乙分子在P点($x=x_2$)时,其动能为E_0

C.乙分子在Q点($x=x_1$)时,处于平衡状态

D.乙分子的运动范围为$x\geq x_1$

11.用电脑软件模拟两个相同分子在仅受相互间分子力作用下的运动。将两个质量均为m的A、B分子从x轴上的$-x_0$和x_0处由静止释放,如图甲所示。其中B分子的速度v随位置x的变化关系如图乙所示。取无限远处分子势能为零,下列说法正确的是(　　)

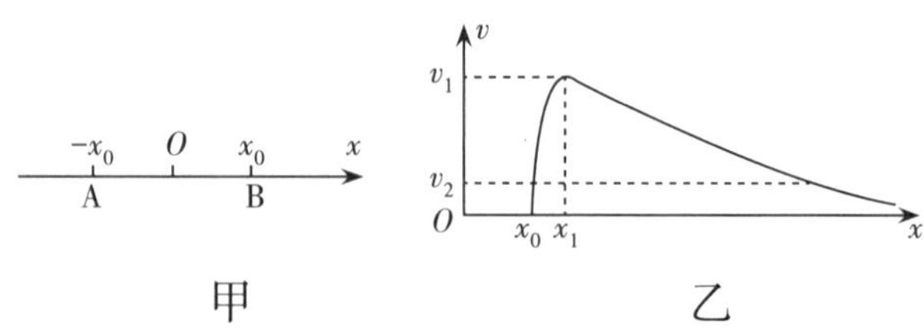

A.A、B间距离为x_1时分子间作用力为零

B.A、B间距离为$2(x_1-x_0)$时分子间作用力为零

C.释放时A、B系统的分子势能为$\frac{1}{2}mv^2$

D.A、B间分子势能最小值为$mv_2^2-mv_1^2$

章末测试题

一、单项选择题

1. 已知标准状况下，1 mol 氢气的体积为 22.4 L，氢气分子直径的数量级为(　　)

A. 10^{-7} m　　B. 10^{-10} m

C. 10^{-11} m　　D. 10^{-8} m

2. 关于布朗运动，下列说法中正确的是(　　)

A. 布朗运动是微观粒子的运动，牛顿运动定律不再适用

B. 布朗运动是液体分子无规则运动的反映

C. 强烈的阳光射入较暗的房间内，在光束中可以看到有悬浮在空气中的微尘不停地做无规则运动，这也是一种布朗运动

D. 因为布朗运动的剧烈程度跟温度有关，所以布朗运动也叫作热运动

3. 如图所示，一个装有无色空气的广口瓶倒扣在装有红棕色二氧化氮气体的广口瓶上，中间用玻璃板隔开。对于抽去玻璃板后所发生的现象，(已知二氧化氮的密度比空气的密度大)下列说法正确的是(　　)

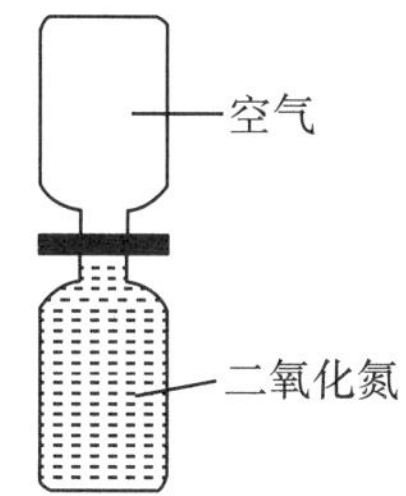

A. 过一段时间可以发现上面瓶中的气体变成了淡红棕色，下面瓶中的气体变为无色

B. 二氧化氮由于密度较大，不会跑到上面的瓶中，所以上面瓶中的气体不会呈现淡红棕色

C. 上面的空气由于重力作用会到下面的瓶中，于是将下面瓶中的二氧化氮排出了一小部分，所以会发现上面瓶中的瓶口处显淡红棕色，但在瓶底处不会出现淡红棕色

D. 由于气体分子在不停地做无规则运动，所以上面的空气会到下面的瓶中，下面的二氧化氮也会到上面的瓶中，最后上、下两瓶气体的颜色变得均匀一致

4. 以下关于热运动的说法正确的是(　　)

A. 水流速度越大，水分子的热运动越剧烈

B. 水凝结成冰后，水分子的热运动停止

C. 水的温度越高，水分子的热运动越剧烈

D. 水的温度升高，每一个水分子的运动速率都会增大

5. 分子动理论较好地解释了物质的宏观热学性质。据此可判断下列说法中错误的是(　　)

A. 显微镜下观察到墨水中的小炭粒在不停地做无规则运动，这反映了液体分

子运动的无规则性

B.分子间的相互作用力随着分子间距离的增大，一定先减小后增大

C.分子势能随着分子间距离的增大，可能先减小后增大

D.在真空、高温条件下，可以利用分子扩散向半导体材料中掺入其他元素

6.下列四幅图中，能正确反映分子间作用力F和分子势能E_p随分子间距离r变化关系的图线是（　　）

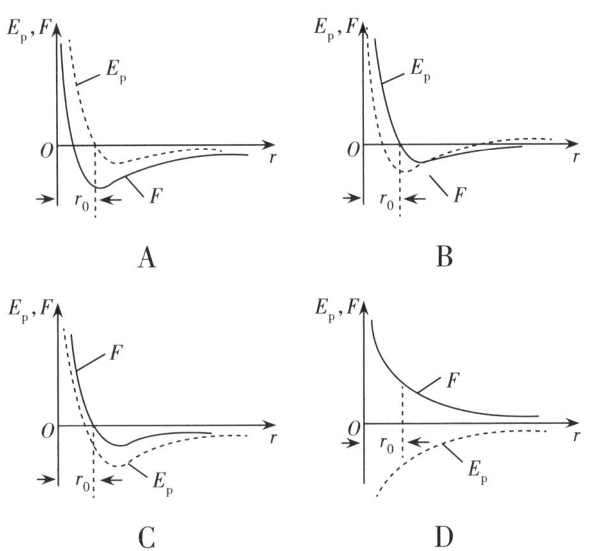

7.两个相同的密闭容器中分别装有等质量的同种气体，已知容器中气体的压强不相同，则下列判断中正确的是（　　）

A.压强小的容器中气体的温度比较高

B.压强大的容器中单位体积内的气体分子数比较少

C.压强小的容器中气体分子的平均动能比较大

D.压强大的容器中气体分子对器壁单位面积的平均作用力比较大

8.已知水的密度ρ=1.0×10^3 kg/m^3，水的摩尔质量M_{mol}=1.8×10^{-2} kg/mol，在标准状况下，水蒸气的摩尔体积V_{mol}=22.4×10^{-3} m^3/mol，水蒸气分子的间距约是水分子直径的（　　）

A.1倍　　B.10倍

C.100倍　　D.1 000倍

二、多项选择题

9.下面关于分子力的说法中正确的有（　　）

A.铁丝很难被拉长，这一事实说明铁丝分子间存在引力

B.水很难被压缩，这一事实说明水分子间存在斥力

C.将打气管的出口端封住，向下压活塞，当空气被压缩到一定程度后很难再压缩，这一事实说明这时空气分子间作用力表现为斥力

D.磁铁可以吸引铁屑，这一事实说明分子间存在引力

10.利用油膜法可粗略地测定分子的大小和阿伏加德罗常数。若已知n滴油的总体积为V，一滴油形成的单分子油膜面积为S，这种油的摩尔质量为M，密度为ρ，则每个油分子的直径D和阿伏加德罗常数N_A分别为（　　）

A.$D=\dfrac{V}{S}$　　B.$D=\dfrac{V}{nS}$

C.$N_A=\dfrac{6n^3MS^3}{\rho V^3}$　　D.$N_A=\dfrac{6n^3MS^3}{\pi\rho V^3}$

11.氧气分子在0 ℃和100 ℃下单位速率间隔的分子数占总分子数的百分比随气体分子速率的变化分别如图中两条曲线所示。下列说法正确的是（　　）

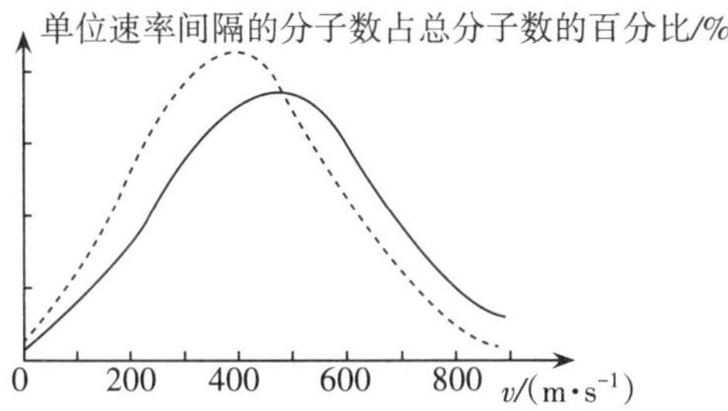

A.图中两条曲线下的面积相等

B.图中虚线对应于氧气分子平均动能较小的情形

C.图中实线对应于氧气分子在100 ℃时的情形

D.与0 ℃时相比,100 ℃时氧气分子速率出现在0~400 m/s区间内的分子数占总分子数的百分比较大

12.如图所示,导热的汽缸固定在水平地面上,用活塞把一定质量的气体封闭在汽缸中,汽缸的内壁光滑。现有水平外力F作用于活塞杆,使活塞缓慢地向右移动,在此过程中如果环境保持恒温,下列说法正确的是(　　)

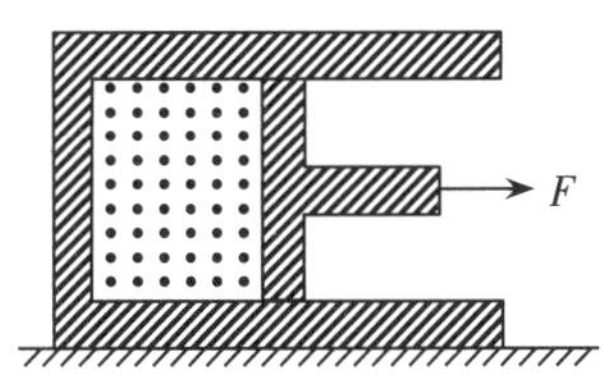

A.每个气体分子的速率都不变

B.气体分子平均动能不变

C.水平外力F逐渐变大

D.气体压强逐渐变大

三、非选择题

13.图甲和乙是某同学从资料中查到的两张记录水中炭粒运动位置连线的图片,记录炭粒位置的时间间隔均为30 s,两方格纸每格表示的长度相同。比较两张图片可知:若水温相同,________(选填“甲”或“乙”)中炭粒的颗粒较大;若炭粒大小相同,________(选填“甲”或“乙”)中水分子的热运动较剧烈。

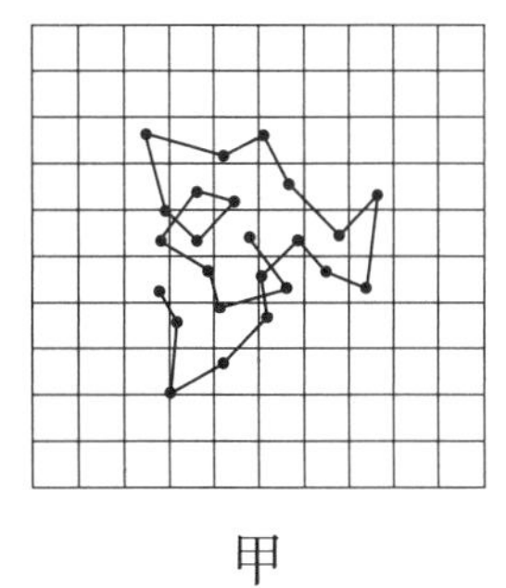

甲

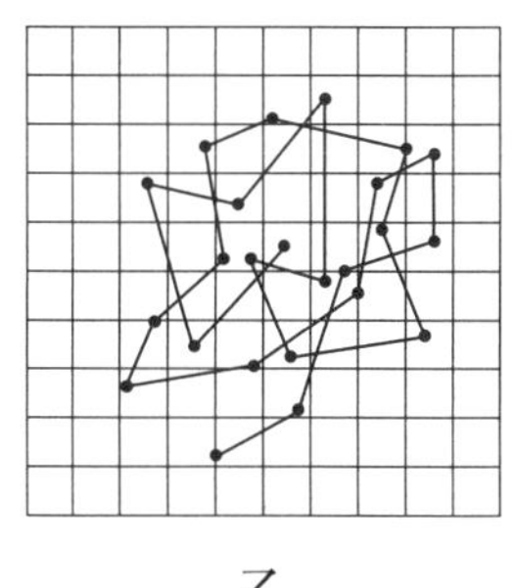

乙

14.油酸酒精溶液的浓度为每1 000 mL油酸酒精溶液中有油酸0.6 mL,用滴管向量筒内滴50滴上述溶液,量筒中的溶液体积增加1 mL。若把一滴这样的溶液滴入盛水的浅盘中,由于酒精溶于水,油酸在水面展开,稳定后形成单分子油膜的形状如图所示。

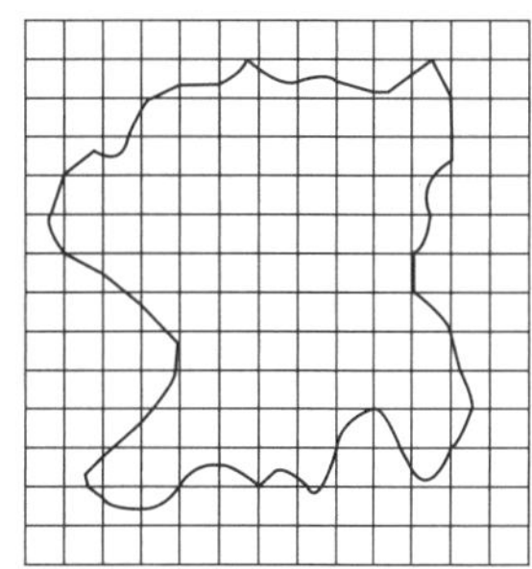

(1)若每一小方格的边长为30 mm,则油酸薄膜的面积为__________m^2。

(2)每一滴油酸酒精溶液含有纯油酸的体积为______________ m^3。

(3)根据上述数据,估算出油酸分子的直径为__________ m。

15.目前,环境污染已非常严重,瓶装纯净水已经占领柜台。再严重下去,瓶装纯净空气也会上市。设瓶子的容积为500 mL,空气的摩尔质量$M=29\times10^{-3}$ kg/mol。按标准状况计算,空气的摩尔体积$V_{mol}=22.4$ L/mol,$N_A=6.0\times10^{23}$ mol^{-1},试估算:

(1)空气分子的平均质量是多少;

(2)一瓶纯净空气的质量是多少;

(3)一瓶纯净空气中约有多少个气体分子。

16. 晶须是由高纯度单晶生长而成的微纳米级的短纤维,是一种发展中的高强度材料,具有电、光、磁、介电、导电、超导电性质。它是一些非常细、非常完整的丝状(截面为圆形)晶体。现有一根铁晶,直径$D=1.60\ \mu m$,用$F=0.026\ 4\ N$的力能将它拉断,将铁原子当作球形处理。(铁的密度$\rho=7.92\ g\cdot cm^{-3}$,铁的摩尔质量为$55.58\times10^{-3}\ kg/mol$,$N_A=6.02\times10^{23}\ mol^{-1}$)

(1)求铁晶中铁原子的直径。

(2)请估算拉断过程中最大的铁原子力f。

17. 如图甲所示,A、B为某种物质的两个分子,以A为原点,沿两分子连线建立r轴。如果选取两个分子相距无穷远时的势能为零,则作出的两个分子之间的势能E_p与它们之间距离r的E_p-r关系图线如图乙所示。假设分子A固定不动,分子B只在A、B间分子力的作用下运动(在x轴上)。当两分子间距离为r_0时,B分子的动能为E_{k0}($E_{k0}<E_{p0}$)。

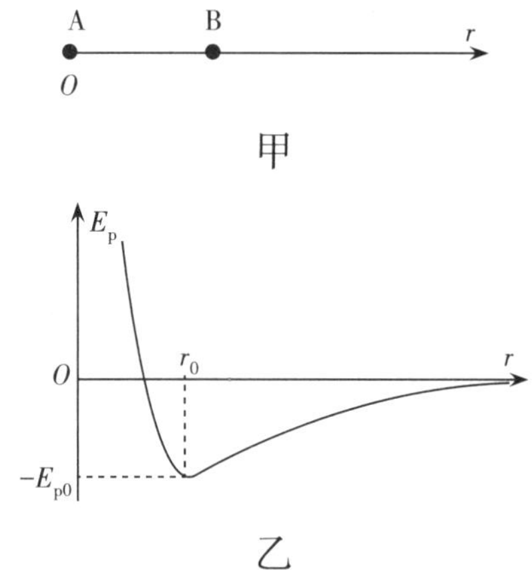

(1)求A、B分子间的最大势能E_{pm}。

(2)利用图乙,结合画图说明分子B在x轴上的运动范围。

(3)若某固体由大量这种分子组成,当温度升高时,物体体积膨胀。试结合图乙所示的E_p-r关系图线,分析说明这种物体受热后体积膨胀的原因。

第二章
气体、固体和液体

课时作业1　温度和温标

基础训练

1.(多选)关于系统的状态参量,下列说法正确的是(　　)

A.描述运动物体的状态可以用压强等参量

B.描述系统的力学性质可以用压强等参量

C.描述气体的性质可用温度、体积等参量

D.温度能描述系统的热学性质

2.关于温标,下列说法正确的是(　　)

A.温标不同,测量时得到同一系统的温度数值可能是不同的

B.不同温标表示的温度数值不同,则说明温度不同

C.温标的规定都是人为的,没有什么理论依据

D.热力学温标和摄氏温标是两种不同的温度表示方法,表示的温度数值间没有关系

3.下列说法中正确的是(　　)

A.状态参量是描述系统状态的物理量,系统处于非平衡状态时各部分的参量不发生变化

B.当系统不受外界影响,且经过足够长的时间,其内部各部分状态参量将会相同

C.只有处于平衡状态的系统才有状态参量

D.两物体发生热传递时,它们组成的系统处于平衡状态

4.(多选)两个原来处于热平衡状态的系统,分开后,由于受外界的影响,其中一个系统的温度升高了5 K,另一个系统的温度升高了5 ℃,则下列说法正确的是(　　)

A.两个系统不再是热平衡状态

B.两个系统此时仍是热平衡状态

C.两个系统的状态都发生了变化

D.两个系统的状态都没有发生变化

5.目前世界上最大的强子对撞机在法国和瑞士的边境建成,并投入使用。加速器工作时,需要注入约1万吨液氮对电路进行冷却,冷却的最低温度可达到零下271摄氏度,这时该温度用热力学温标来表示为　(　　)

A.2.15 K　　B.271.15 K

C.4.15 K　　D.0.15 K

6. 下列关于热力学温度的说法,不正确的是(　　)

A. 在表示温度差时,热力学温度的1 K与摄氏温度的1 ℃是相等的

B. 热力学温度的零度等于-273.15 ℃

C. 热力学温度的零度是不可能达到的

D. 气体温度趋近于绝对零度时,其体积趋近于零

7. (多选)关于温度的物理意义,下列说法中正确的是(　　)

A. 温度是物体冷热程度的客观反映

B. 人如果感觉到某个物体很凉,就说明这个物体的温度很低

C. 热量会自发地从含热量多的物体传向含热量少的物体

D. 热量会自发地从温度较高的物体传向温度较低的物体

8. 小明自定一种新温标,他将冰熔点与水沸点之间的温度等分为200格,且将冰熔点的温度定为50 p(上述皆为标准大气压下),今小明测量一杯水的温度为150 p,则该温度用摄氏温度表示时应为(　　)

A. 30 ℃　　B. 40 ℃

C. 50 ℃　　D. 60 ℃

能力提升

9. 严冬,湖面上结了厚厚的冰,但冰下鱼儿仍在游动。为了测出冰下水的温度,徐强同学在冰上打了一个洞,借来一支实验室温度计,用下列四种方法测水温,正确的做法是(　　)

A. 用线将温度计拴牢从洞中放入水里,待较长时间后从水中提出,读出示数

B. 取一塑料饮水瓶,将瓶拴住从洞中放入水里,水灌满瓶后取出,再用温度计测瓶中水的温度

C. 取一塑料饮水瓶,将温度计悬吊在瓶中,再将瓶拴住从洞中放入水里,水灌满瓶后待较长时间,然后将瓶提出,立即读出温度计的示数

D. 手拿温度计,从洞中将温度计插入水中,待较长时间后取出立即读出示数

10. 温度计是生活、生产中常用的测温装置。下图为一个简易温度计,一根装有一小段有色水柱的细玻璃管穿过橡皮塞插入烧瓶内,封闭一定质量的气体。当外界温度发生变化时,水柱位置将上下变化。已知A、D间的测量范围为20~80 ℃,A、D间刻度均匀分布。由图可知,A、D及有色水柱下端所示温度分别为(　　)

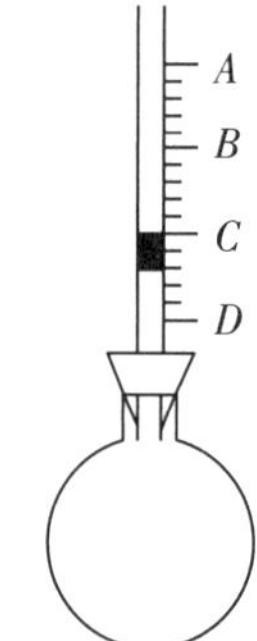

A. 20 ℃、80 ℃、64 ℃

B. 20 ℃、80 ℃、68 ℃

C. 80 ℃、20 ℃、32 ℃

D. 80 ℃、20 ℃、34 ℃

11. 根据图示判断,为方便测量,人们选择的温度计中的常用测量物质及其依据是(　　)

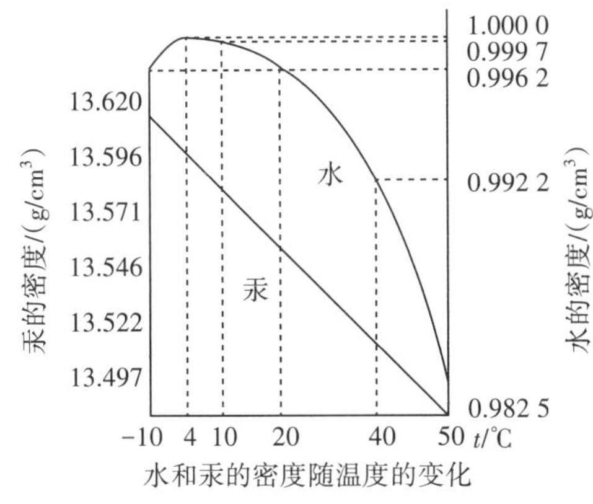

水和汞的密度随温度的变化

A.水,水的密度小

B.水,水的密度出现异常现象

C.汞,汞的密度大

D.汞,汞的密度与温度呈规则的线性关系

12.(多选)实际应用中,常用到一种双金属温度计。它是利用铜片与铁片铆合在一起的双金属片的弯曲程度随温度而发生变化的原理制成的,如图所示。已知甲图中双金属片被加热时,其弯曲程度会增大,则下列各种相关叙述中正确的有(　　)

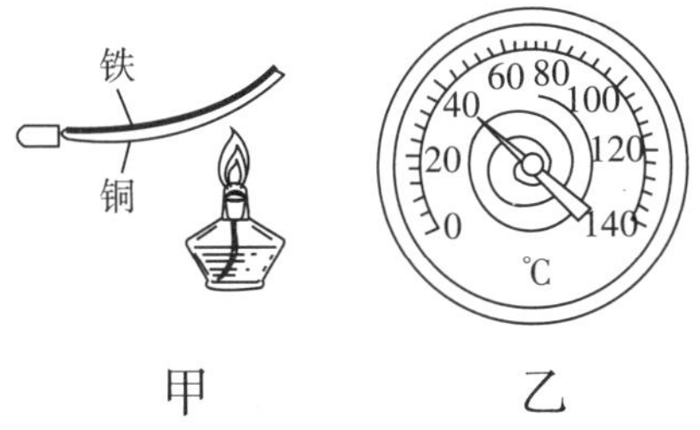

甲　　　乙

A.该温度计的测温物质是铜、铁两种热膨胀系数不同的金属

B.双金属温度计是利用测温物质热膨胀系数不同的性质来工作的

C.由甲图可知,铜的热膨胀系数大于铁的热膨胀系数

D.由乙图可知,其双金属片的内层一定为铜,外层一定为铁

13.寒冷的冬天,人在室外拿铁棒和木头时,感觉到铁棒明显比木头凉,由于表示物体冷热程度的是温度,于是有人得出当时“铁棒比木头温度低”的结论,你认为他的结论对吗? 为什么?

课时作业2　气体的等温变化

基础训练

1. 如图所示,一端封闭的玻璃管倒插入水银槽中,管竖直放置时,管内水银面比管外高h(cm),上端空气柱长为L(cm),已知大气压强为H cmHg,下列说法正确的是(　　)

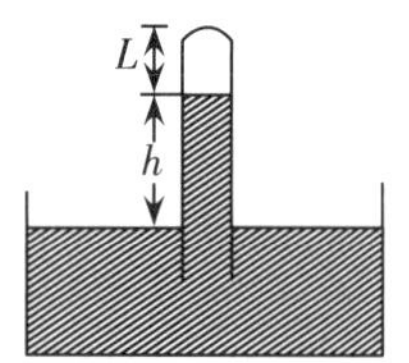

A. 此时封闭气体的压强是$(L+h)$ cmHg

B. 此时封闭气体的压强是$(H-h)$ cmHg

C. 此时封闭气体的压强是$(H+h)$ cmHg

D. 此时封闭气体的压强是$(H-L)$ cmHg

2. 如图所示,U形管封闭端内有一部分气体被水银封住,已知大气压强为p_0,水银密度为ρ,重力加速度为g。封闭部分气体的压强p为(　　)

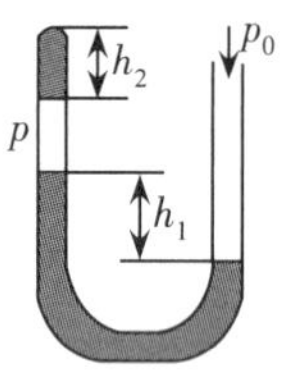

A. $p_0+\rho gh_2$

B. $p_0-\rho gh_1$

C. $p_0-\rho g(h_1+h_2)$

D. $p_0+\rho g(h_2-h_1)$

3. 如图所示,某种自动洗衣机进水时,与洗衣缸相连的细管中会封闭一定质量的空气,通过压力传感器感知管中的空气压力,从而控制进水量。设温度不变,洗衣缸内水位升高,则细管中被封闭的空气(　　)

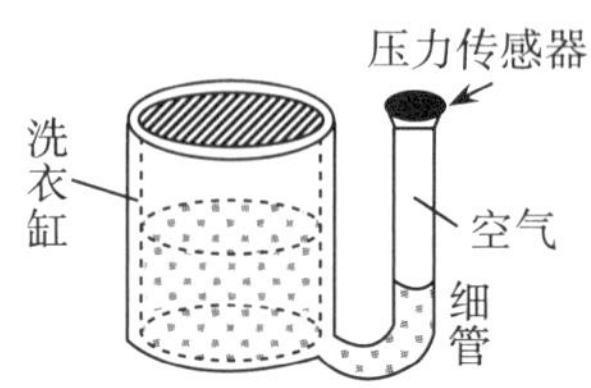

A. 体积不变,压强变小

B. 体积变小,压强变大

B. 体积不变,压强变大

D. 体积变小,压强变小

4.(多选)一定质量的气体,在温度不变的条件下,将其压强变为原来的2倍,则(　　)

A. 气体分子的平均动能增大

B. 气体的密度变为原来的2倍

C. 气体的体积变为原来的一半

D. 气体的分子总数变为原来的2倍

5. 如图1、图2、图3所示,三根完全相同的玻璃管,上端开口,管内用相同长度的水银柱封闭着质量相等的同种气体。已知图1玻璃管沿倾角为30°的光滑斜面以某一初速度上滑,图2玻璃管由静止自由下落,图3玻璃管放在水平转台上开口向内做匀速圆周运动,设三根玻璃管内的气体长度分别为L_1、L_2、L_3,则三个管内的气体长度关系是(　　)

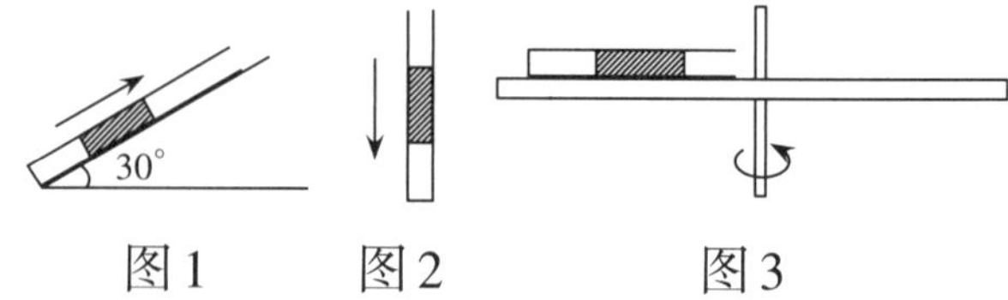

图1　图2　图3

A. $L_1<L_2<L_3$

B. $L_1=L_2>L_3$

C. $L_2<L_3<L_1$

D. $L_1=L_2<L_3$

6. 放假期间，某同学家人准备驾车出游。启动汽车后，发现胎压监测系统发出警告，显示“左前轮胎胎压低，胎压为$2.0p_0$”，于是驾车前往汽车修理店给汽车轮胎打气，打完气后，四个轮胎内气体的胎压均为$2.5p_0$，打气泵内的气体压强为$3p_0$，每个轮胎的体积均为V，且始终保持不变。若打气过程中轮胎内气体温度不变，则从泵中向左前轮胎中打入气体的体积为(　　)

A. $\frac{V}{6}$　　B. $\frac{V}{5}$

C. $\frac{V}{3}$　　D. $\frac{V}{2}$

7. 大气压强$p_0=1.0\times10^5$ Pa。某容器的容积为20 L，装有压强为20×10^5 Pa的气体，如果保持气体温度不变，把容器的开关打开，待气体达到新的平衡时，容器内剩余的气体质量与原来的气体质量之比为(　　)

A. 1∶19　　B. 1∶20

C. 2∶39　　D. 1∶18

能力提升

8. (多选)如图所示为一定质量的气体由状态A变到状态B再变到状态C的过程，A、C两点在同一条双曲线上，则此变化过程中(　　)

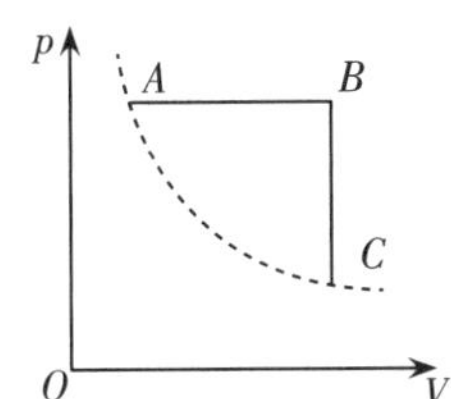

A. 从A到B的过程温度升高

B. 从B到C的过程温度升高

C. 从A到C的过程温度先降低再升高

D. A、C两点的温度相等

9. 如图所示，一端开口、另一端封闭的玻璃管内用水银柱封闭一定质量的气体，保持温度不变，把管子以封闭端为圆心，从开口向上的竖直位置逆时针缓慢转到水平位置的过程中，可用来说明气体状态变化的p-V图像是(　　)

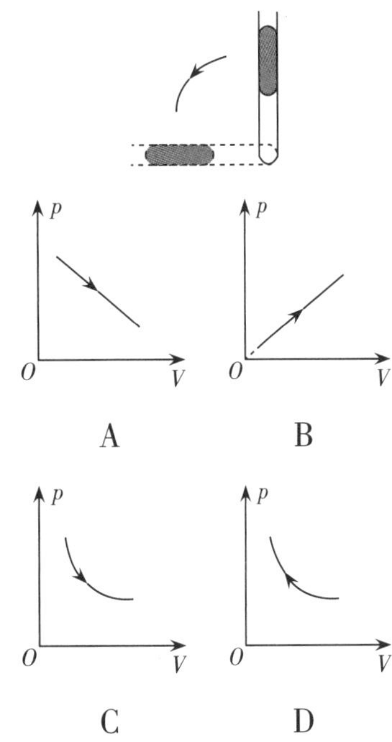

10. 如图所示为两端开口的U形直管，右侧直管中有一部分空气被一段水银柱与外界隔开，若在右侧直管中再注入一些水银，则平衡后(外界温度恒定)(　　)

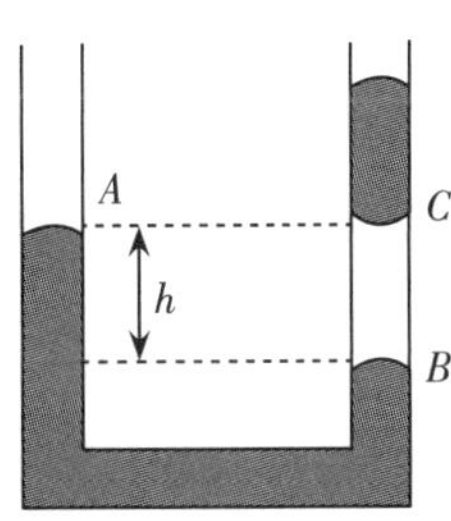

A. 两侧水银面A、B高度差h减小

B. 两侧水银面A、B高度差h增大

C.右侧封闭气柱体积变大

D.两侧水银面A、B高度差h不变

11.如图所示,高为H的导热汽缸竖直固定在水平地面上,汽缸的横截面积为S,重力为G的“⊥”形活塞封闭着一定质量的气体,活塞离缸底高为h,现手持“⊥”形活塞上端,缓慢竖直上提活塞,当活塞上升到汽缸上端口时,求竖直上提的力F的大小。(已知大气压强为p_0,不考虑活塞与汽缸之间的摩擦及温度的变化,不计活塞及汽缸壁的厚度。)

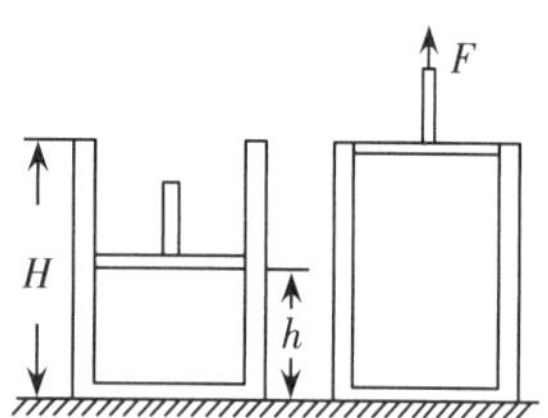

12.如图甲是“用DIS研究在温度不变时,一定质量的气体压强与体积的关系”的实验装置。

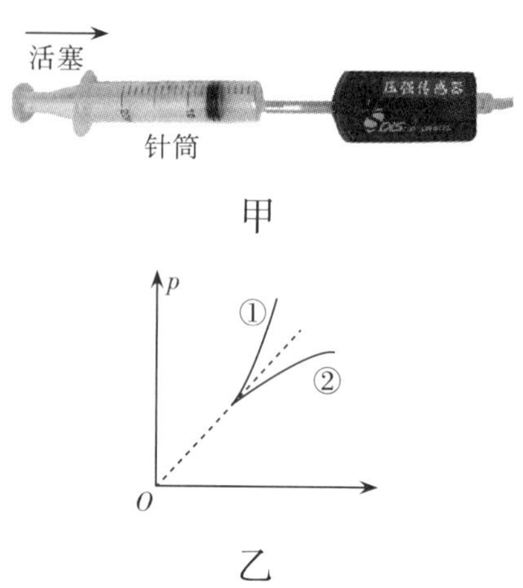

主要步骤如下:

①将压强传感器调零;

②在活塞上均匀涂抹润滑油,把活塞移至注射器满刻度处;

③逐一连接注射器、压强传感器、数据采集器、计算机;

④推动活塞,记录多组注射器内气体的体积V,以及相应的压强传感器示数p。

(1)实验操作中,活塞上均匀涂抹润滑油,主要目的是____________________。

(2)为了保持封闭气体的温度恒定,下列措施可行的是__________。

A.注射器必须固定在竖直平面内

B.用手握注射器推拉活塞

C.缓慢推动活塞

(3)测得多组空气柱的压强p和体积V的数据后,为直观反映压强与体积之间的关系,若以p为纵坐标,则应以__________为横坐标在坐标系中描点作图;小明所在的小组不断压缩气体,由测得数据发现p与V的乘积值越来越小,则用上述方法作出的图线应为图乙

中的__________(选填“①”或“②”),造成该现象的原因可能是__________(答一种即可)。

13. 如图所示,粗细均匀的U形玻璃管左管开口、右管封闭,两管均竖直向上,管中有A、B两段水银柱,在玻璃管中封有Ⅰ、Ⅱ两段气体,A段水银柱长为$h=10$ cm,B段水银左右两管中液面高度差也为h,左管中封闭的气柱Ⅰ长为h,右管中封闭的气柱Ⅱ长为$3h$,大气压强为75 cmHg,现向左管中缓慢倒入水银,使水银柱B在左右两管中的液面相平,求:

(1)左管中倒入的水银柱的长度;

(2)气柱Ⅰ的长度变为多少。

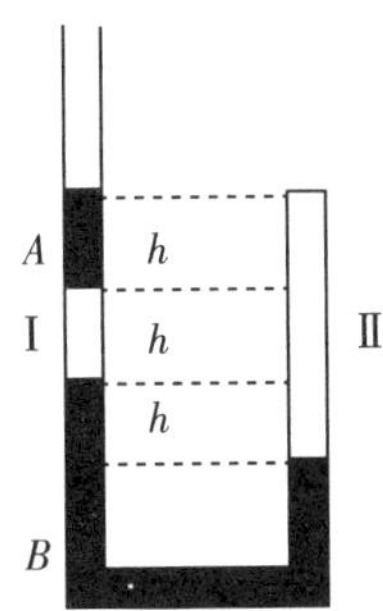

课时作业3　气体的等压变化和等容变化

基础训练

1.在冬季,剩有半瓶热水的暖水瓶经过一个夜晚后,第二天拔瓶口的软木塞时觉得很紧,不易拔出来,出现这种现象的主要原因是(　　)

A.软木塞受潮膨胀

B.瓶口因温度降低而收缩变小

C.白天气温升高,大气压强变大

D.瓶内气体因温度降低而压强减小

2.某同学家一台新电冰箱能显示冷藏室内的温度,存放食物之前该同学进行试通电,该同学将打开的冰箱密封门关闭并给冰箱通电。若大气压为1.0×10^5 Pa,刚通电时显示温度为27 ℃,通电一段时间后显示温度为7 ℃,则此时密封的冷藏室中气体的压强是(　　)

A.0.26×10^5 Pa

B.0.93×10^5 Pa

C.1.07×10^5 Pa

D.3.86×10^5 Pa

3.(多选)对于理想气体的认识,下列说法正确的是(　　)

A.它是一种能够在任何条件下都严格遵守气体实验定律的气体

B.它是一种从实际气体中忽略次要因素,简化抽象出来的理想化模型

C.在温度不太高、压强不太低的情况下,实际气体可视为理想气体

D.被压缩的气体,不能作为理想气体

4.一定质量的气体在等压变化中体积增大了$\frac{1}{2}$,若气体原来温度为27 ℃,则温度的变化是(　　)

A.升高了450 K

B.升高了150 ℃

C.降低了150 ℃

D.降低了450 K

5.如图为一定质量理想气体的体积V与温度T的关系图像,气体由状态A经等温变化到状态B,再经等容变化到状态C,设A、B、C状态对应的压强分别为p_A、p_B、p_C,则(　　)

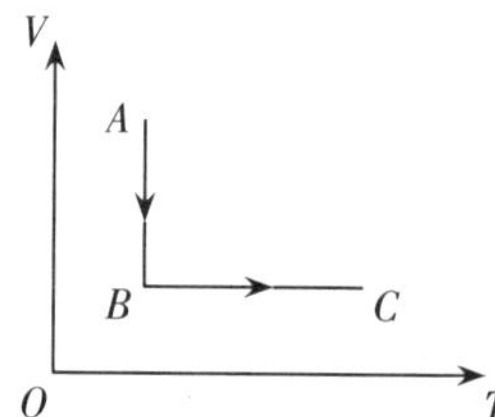

A.$p_A<p_B$,$p_B<p_C$　　B.$p_A>p_B$,$p_B=p_C$

C.$p_A<p_B$,$p_B>p_C$　　D.$p_A>p_B$,$p_B<p_C$

6.一定质量的理想气体经过一系列变化过程,如图所示。下列说法中正确的是(　　)

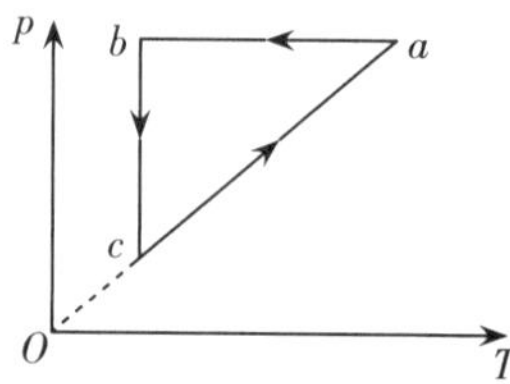

A.$a\to b$过程中,气体体积变小,温度降低

B.$b\to c$过程中,气体温度不变,体积变小

C.$c\to a$过程中,气体体积变小,压强增大

D.$c\to a$过程中,气体压强增大,温度降低

7.(多选)如图所示为一定质量气体的等容线,下面说法中正确的是(　　)

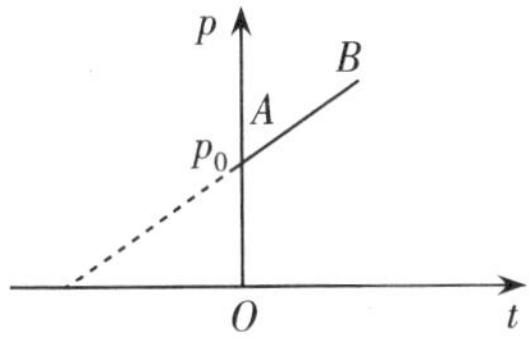

A.直线AB的斜率是$\frac{p_0}{273}$

B.0 ℃时气体的压强为p_0

C.温度在接近0 K时气体的压强为零

D.BA延长线与横轴交点为-273 ℃

能力提升

8.若室内生起炉子后温度从7 ℃升高到27 ℃,而室内气压不变,则此时室内的空气质量约减少了(　　)

A.3.3%　　B.6.7%

C.7.1%　　D.9.4%

9.如图所示,两个容器A和B容积不同,内部装有气体,其间用细管相连,管中有一小段水银柱将两部分气体隔开(细管内气体体积忽略不计)。当A中气体温度为t_A,B中气体温度为t_B时,且$t_A > t_B$,水银柱恰好在管的中央静止。若对两部分气体加热,使它们的温度都升高相同的温度,下列说法正确的是(　　)

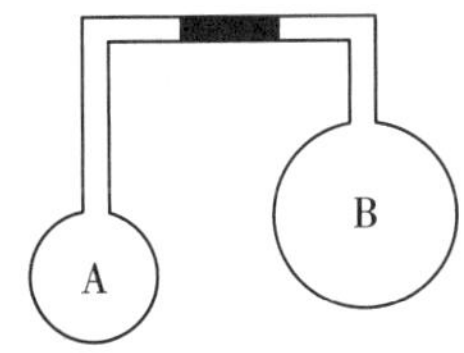

A.水银柱保持不动

B.水银柱将向左移动

C.水银柱将向右移动

D.水银柱的移动情况无法判断

10.如图所示,带有刻度的密封性良好的注射器竖直固定在铁架台上,其下部放入盛水的烧杯中。注射器活塞的横截面积$S=5\times10^{-5}\ m^2$,活塞及框架的总质量$m_0=5\times10^{-2}$ kg,大气压强$p_0=1.0\times10^5$ Pa.当水温为$t_0=13$ ℃时,注射器内气体的体积为5.5 mL。(不计一切摩擦力,g取10 m/s²)

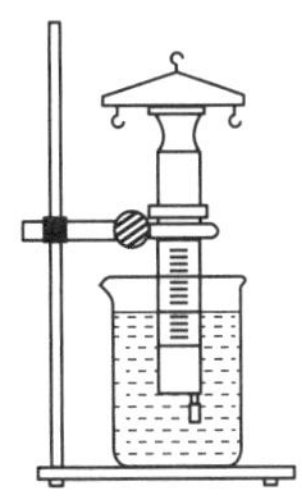

(1)向烧杯中加入热水,稳定后测得$t_1=65$ ℃时,气体的体积为多少?

(2)保持水温$t_1=65$ ℃不变,为使气体的体积恢复到5.5 mL,则要在框架上挂质量多大的钩码?

11.如图所示,内径均匀的L形直角细玻璃管,一端封闭,一端开口竖直向上,用水银柱将一定质量空气封存在封闭端,空气柱长4 cm,水银柱高58 cm,进入封闭端长2 cm,此时温度是87 ℃,大气压强为75 cmHg,求:

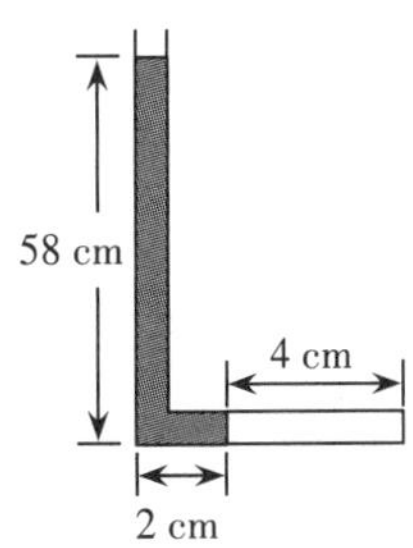

(1)在图示位置空气柱的压强p_1;

(2)在图示位置,要使空气柱的长度变为3 cm,温度必须降低到多少摄氏度。(保留小数点后一位)

12. 自热食品近两年增长迅猛,尤其是2020年疫情期间,更是多次出现脱销的新闻。如图是一款自热盒饭的截面图,自热盒饭是夹层结构,其中上层饭盒用来装食材,下层用来放发热包,上下两层相对封闭。某学校兴趣小组对产品进行测试时,食材盒内气体压强初始与外部大气压p_0相同,温度为27 ℃,发热包遇到水后温度上升来加热上层食材。检测人员把透气孔堵住,食材盒封闭性能良好,可认为食材盒内气体质量不变,气体可视为理想气体。

(1)加热时食材盒内气体压强达到$1.2p_0$时,食材盒内气体膨胀,食材层容积变为原容积的1.1倍,则此时气体的温度为多少?

(2)测试人员表示,如果继续把透气孔堵塞盒子就极有可能会爆炸,于是迅速打开透气孔放出部分气体,使得饭盒内气体的压强与外界大气压强相等,设放气过程中温度保持不变,食材盒容积立即恢复到原容积。求放出的气体与盒内所留气体的质量之比。

13. 小赞同学设计了一个用电子天平测量环境温度的实验装置,如图所示。导热汽缸开口向上并固定在桌面上,用质量$m_1=600$ g、截面积$S=20\ cm^2$的活塞封闭一定质量的理想气体,活塞与汽缸壁间无摩擦。一轻质直杆中心置于固定支点A上,左端用不可伸长的细绳竖直悬挂活塞,右端用相同细绳竖直悬挂一个质量$m_2=1\ 200$ g的铁块,并将铁块放置到电子天平上。当电子天平示数为600.0 g时,测得环境温度$T_1=300$ K。设外界大气压强$p_0=1.0\times10^5$ Pa,重力加速度$g=10\ m/s^2$。

(1)当电子天平示数为400.0 g时,环境温度T_2为多少?

(2)该装置可测量的最高环境温度T_{max}为多少?

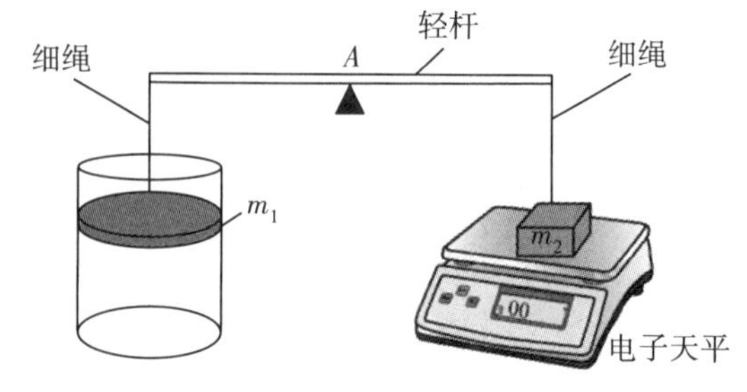

专题 气体实验定律和理想气体状态方程的应用

基础训练

1.(多选)对一定质量的理想气体,下列说法正确的是(　　)

A.气体的体积是所有气体分子的体积之和

B.气体温度越高,气体分子的热运动就越剧烈

C.气体对容器的压强是由大量气体分子对容器不断碰撞而产生的

D.当气体膨胀时,气体压强一定减小

2.如图,$p-T$图上a、b两点,表示一定质量的理想气体的两个状态,则气体在两个状态的体积之比$V_a:V_b$为(　　)

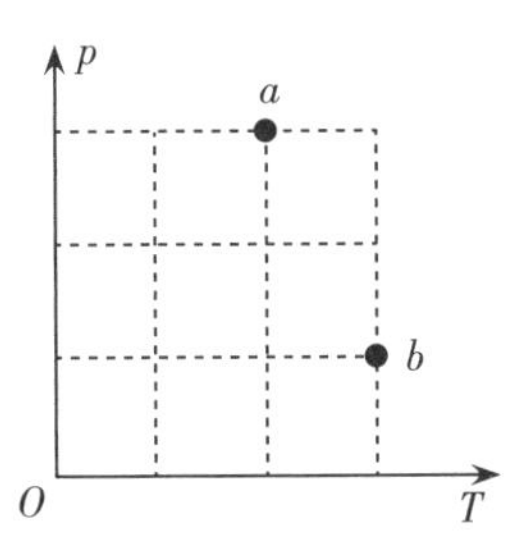

A.3∶1　　B.1∶3

C.9∶2　　D.2∶9

3.回热式制冷机是一种深低温设备,制冷极限约50 K,某台设备工作时,一定量的氦气(可视为理想气体)缓慢经历如图所示的四个过程:从状态A到B和C到D是等温过程,温度分别为t_1=27 ℃和t_2=−133 ℃;从状态B到C和D到A是等容过程,体积分别为V_0和$5V_0$,则状态B与D的压强之比是(　　)

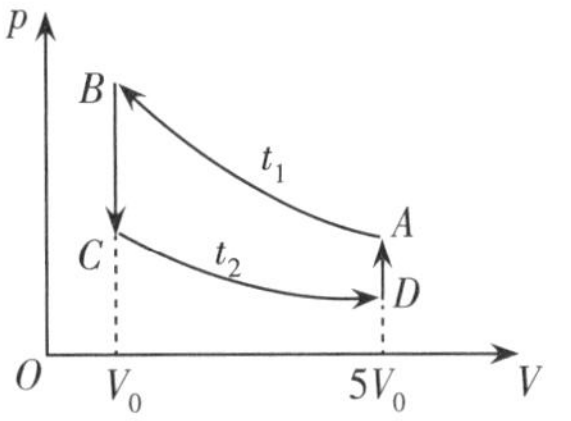

A.7∶3　　B.15∶7

C.75∶7　　D.133∶27

4.一定质量的理想气体从状态A开始,经历A→B→C→A后回到原状态,其$V-T$图像如图所示,下列说法正确的是(　　)

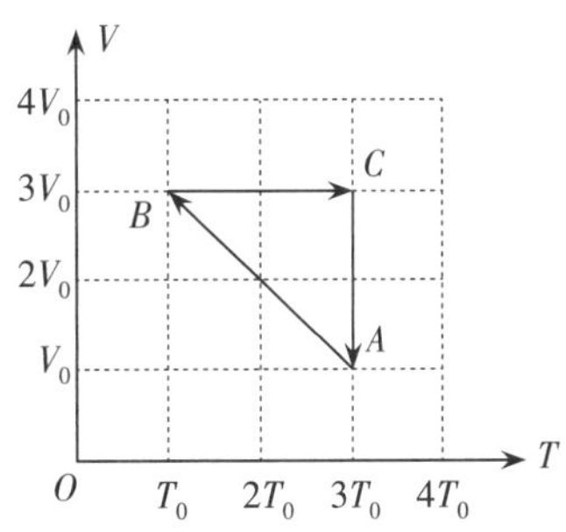

A.A→B过程中气体被压缩

B.B→C过程每个气体分子的速率都增大

C.A、B状态对应的气体压强之比为1∶9

D.B→C过程容器壁单位面积上的分子平均作用力增大

5.一气泡从30 m深的海底升到水面,已知大气压强$p_0=1.0\times10^5$ Pa,水的密度为$\rho=1.0\times10^3$ kg/m^3,g取10 m/s^2。设水底温度是4 ℃,水面温度是15 ℃,那么气泡在水面的体积约是水底时的(　　)

A.3倍　　B.4倍　　C.5倍　　D.12倍

6. 如图(a)所示，一导热性能良好、内壁光滑的汽缸水平放置，横截面积为 $S=2\times10^{-3}\ m^2$、质量为 $m=4\ kg$、厚度不计的活塞与汽缸底部之间封闭了一部分气体，此时活塞与汽缸底部之间的距离为24 cm，在活塞的右侧12 cm处有一对与汽缸固定连接的卡环，气体的温度为300 K，大气压强 $p_0=1.0\times10^5\ Pa$。现将汽缸竖直放置，如图(b)所示，取 $g=10\ m/s^2$。求：

(1)活塞与汽缸固定连接卡环之间的距离；

(2)加热到525 K时封闭气体的压强。

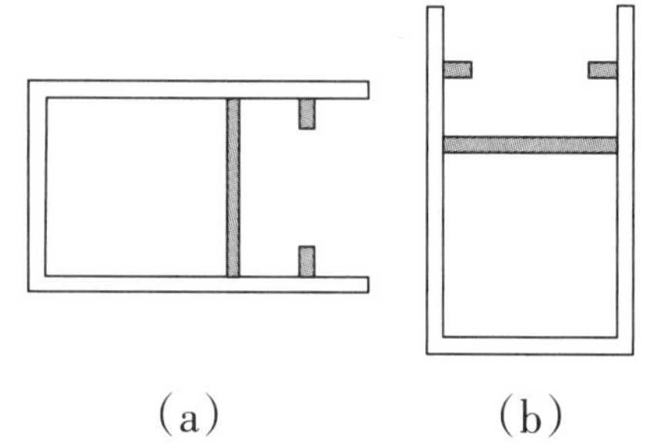

7. 如图所示为上下端均开口的玻璃管，下管用一活塞封闭一定质量的理想气体，管内气体上部由水银柱封住，上下管足够长，上下管横截面积分别为 $S_1=1.0\ cm^2$、$S_2=2.0\ cm^2$。已知封闭气体初始温度为57 ℃，封闭气体柱长度为 $L=22\ cm$，初始时水银柱在上管中高度为 $h_1=2.0\ cm$，在下管中高度为 $h_2=2.0\ cm$。大气压强为76 cmHg。若保持活塞不动，缓慢升高气体温度，温度升高至多少时可将所有水银全部压入上管内？

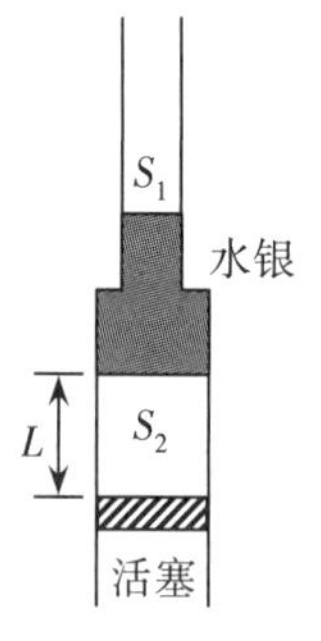

能力提升

8. 如图所示，水平放置的密封汽缸的活塞被很细的弹簧拉住，汽缸内密封一定质量的气体。当缸内气体温度为27 ℃，弹簧的长度为30 cm时，汽缸内气体压强为缸外大气压的1.2倍。当缸内气体温度升高到127 ℃时，弹簧的长度为36 cm。求弹簧的原长。(不计活塞与缸壁的摩擦)

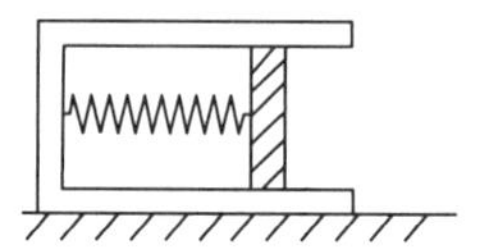

9. 如图，绝热汽缸A与导热汽缸B大小一样均固定于地面，由刚性杆连接的绝热活塞与两汽缸间均无摩擦。两汽缸内装有处于平

衡状态的理想气体，开始时体积均为V_0、温度均为T_0。缓慢加热A中气体，停止加热达到稳定后，A中气体压强为原来的1.2倍。设环境温度始终保持不变，求汽缸A中气体的体积V_A和温度T_A。

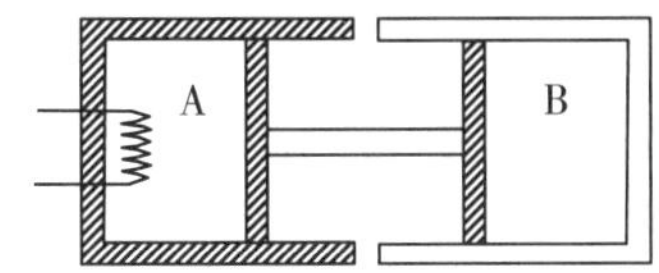

10. 如图所示，一端封闭、粗细均匀的U形玻璃管开口向上竖直放置，管内用水银将一段气体封闭在管中。当温度为280 K时，被封闭的气柱长L=22 cm，两边水银柱高度差h=16 cm，大气压强p_0=76 cmHg。

(1)为使左端水银面下降3 cm，封闭气体温度应变为多少？

(2)封闭气体的温度重新回到280 K后，为使封闭气柱长度变为20 cm，需向开口端注入的水银柱长度为多少？

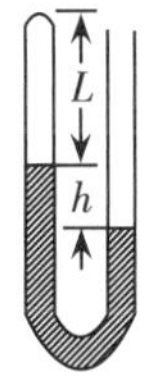

11. 如图所示，一圆柱形汽缸直立在水平地面上，内有质量不计的可上下移动的活塞，在距缸底高为$2H_0$的缸口处有固定的卡环；使活塞不会从汽缸中顶出，汽缸壁和活塞都是不导热的，它们之间没有摩擦。活塞下方距缸底高为H_0处还有一固定的可导热的隔板，将容器分为A、B两部分，A、B中各封闭同种的理想气体，开始时A、B中气体的温度均为27 ℃，压强等于外界大气压强p_0，活塞距汽缸底的高度为$1.6H_0$，现通过B中的电热丝缓慢加热：

(1)当B中气体的压强为$1.5p_0$时，活塞距缸底的高度是多少？

(2)当A中气体的压强为$1.5p_0$时，B中气体的温度是多少？

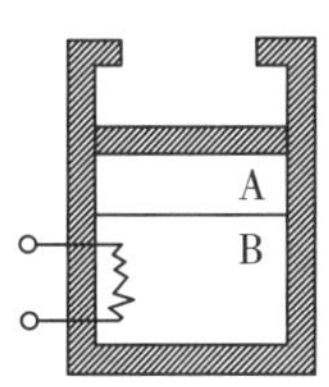

12.负压病房是指病房内的气体压强略低于病房外的标准大气压的一种病房,即新鲜空气可以流进病房,而被污染的空气不会自行向外排出,必须由抽气系统抽出进行消毒处理,它是WHO规定抢救新冠肺炎病人时的一个重要设施。现简化某负压病房为一个可封闭的绝热空间,室内空气所占空间的体积为V_0,室内外气温均为-3 ℃,疫情期间,为了收治新冠肺炎病人,首先将室内空气封闭并加热至27 ℃。(加热前室内空气的压强为标准大气压为p_0,空气视为理想气体)

(1)此时病房内的气压为多少?

(2)为了使负压病房的气压达到$p=\frac{98}{99}p_0$,在使用前先要抽掉一部分空气。求需抽出的空气质量与原来空气质量的百分比以及抽出的空气排到室外降温后的体积。

课时作业4　固体

基础训练

1.(多选)下列说法正确的是(　　)

A.一块固体,若沿各个方向上的导电性能相同,则该固体为非晶体

B.一块固体,若各个方向导热性能不同,则这个固体一定是单晶体

C.一块固体,若有确定的熔点,则该固体必定为晶体

D.黄金可以切割加工成各种形状,所以是非晶体

2.下列关于晶体和非晶体的说法中正确的是(　　)

A.所有的晶体都表现为各向异性

B.大颗粒的盐磨成细盐,就变成了非晶体

C.因为金属物理性质表现出各向同性,故金属是非晶体

D.所有的晶体都有确定的熔点,而非晶体没有确定的熔点

3.(多选)晶体在熔化过程中,关于温度变化和能量交换的说法中正确的是(　　)

A.温度保持不变,不需继续加热

B.温度保持不变,要继续加热

C.温度保持不变,但吸热增加内能

D.不断吸收能量,温度不断升高

4.某物体表现出各向异性是由于组成物体的物质微粒(　　)

A.在空间的排列不规则

B.在空间按一定的规则排列

C.数目较多

D.数目较少

5.下列说法正确的是(　　)

A.烧热的针尖接触涂有蜂蜡薄层的云母片背面,熔化的蜂蜡呈椭圆形,说明蜂蜡是晶体

B.同一种物质只能形成一种晶体

C.单晶体的所有物理性质都是各向异性的

D.玻璃没有确定的熔点,也没有天然规则的几何形状

6.晶体在熔化过程中所吸收的热量,主要用于(　　)

A.破坏空间点阵结构,增加分子动能

B.破坏空间点阵结构,增加分子势能

C.破坏空间点阵结构,增加分子势能,同时增加分子动能

D.破坏空间点阵结构,但不增加分子势能和动能

7.石墨和金刚石性质有很大差异,是由于(　　)

A.石墨是各向异性的,而金刚石是各向同性的

B.它们的化学成分不同

C.它们都是各向同性的

D.组成它们的物质微粒按不同的规则排列

能力提升

8. 如图所示,$ACBD$是一块厚度均匀的由同一种微粒构成的圆板,AB和CD是互相垂直的两条直径,把圆板从图示位置转90°后电流表示数发生了变化(两种情况下都接触良好),关于圆板,下列说法正确的是( )

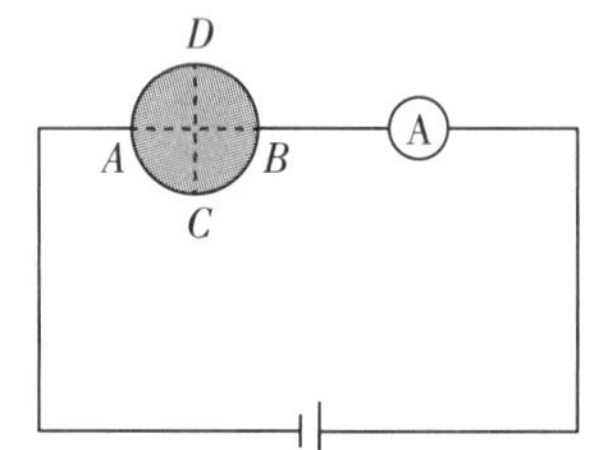

A. 圆板是非晶体

B. 圆板是多晶体

C. 圆板是单晶体

D. 不知有无固定熔点,无法判定是晶体还是非晶体

9. 2020年,“嫦娥五号”探测器顺利完成月球采样任务并返回地球。探测器上装有用石英制成的传感器,其受压时表面会产生大小相等、符号相反的电荷“压电效应”。如图所示,石英晶体沿垂直于x轴晶面上的压电效应最显著。由此可判断石英晶体( )

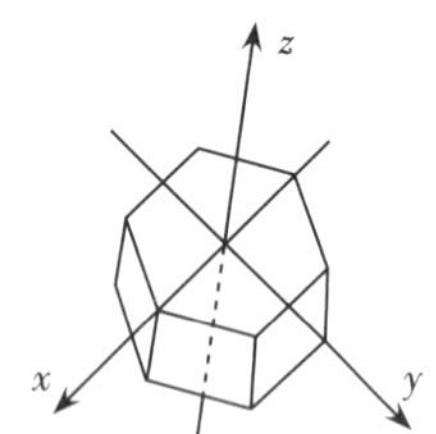

A. 没有确定的熔点

B. 具有各向同性的压电效应

C. 没有确定的几何形状

D. 是单晶体

10. 北京冬奥会给世界各地的人们带来了寒冬中的温暖,其中雪花形主火炬(图甲)的创意展现了中国智慧,符合科学事实(图乙)。实际上雪花的形态有很多种(图丙),关于雪花的下列说法正确的是( )

甲 雪花形主火炬

乙 某形态雪花微距照片

丙 雪花的部分形态示意

A. 雪花是非晶体

B. 雪花具有各向异性

C. 0 °C雪花的水分子的平均动能比0 °C液态水分子的小

D. 雪花漫天飞舞可以作为雪花分子在做无规则运动的证据

11. 关于下列四幅图中所涉及晶体微观结构及其解释的论述中,不正确的是( )

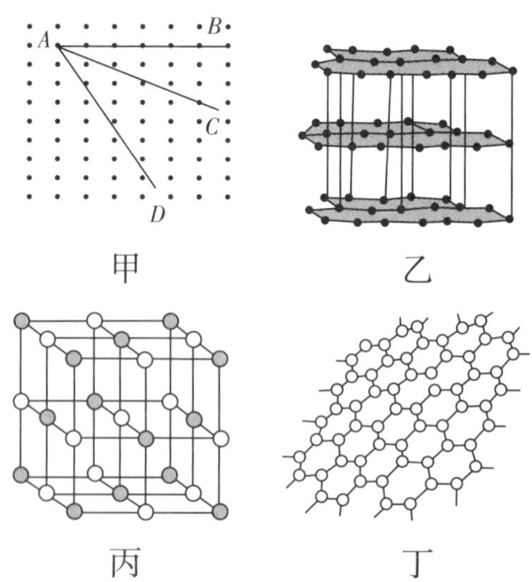

A. 甲图中,晶体中沿不同的方向上微粒排列的情况不同,故晶体在不同的方向上会表现出不同的物理性质

B.乙图为金刚石中碳原子形成的一种紧密结构,相互之间作用力很强,所以金刚石十分坚硬,可制造玻璃刀和钻头

C.丙图为食盐晶体的点阵结构示意图,晶体的许多特性都与点阵结构有关

D.图丁为石墨烯的微观结构图,石墨烯是晶体

12.(多选)大自然之中存在许多绚丽夺目的晶体,这些晶体不仅美丽,而且由于化学成分和结构各不相同而千姿百态:高贵如钻石,平凡如雪花,都是由无数原子严谨而有序地排列组成。关于晶体与非晶体,正确的说法是(　　)

A.固体可以分为晶体和非晶体两类,晶体、非晶体是绝对的,是不可以相互转化的

B.多晶体是许多单晶体杂乱无章地组合而成的,所以多晶体没有确定的几何形状

C.单晶体沿不同方向的导热或导电性能不相同,但沿不同方向的光学性质一定相同

D.有的物质在不同条件下能够生成不同晶体,是因为组成它们的微粒能够按照不同规则在空间分布

13.如图所示是对某种合金连续不断地加热过程中,温度随时间变化的曲线。据图回答:

(1)这种合金在固态时是不是晶体?

(2)这种合金的熔点是多少?

(3)熔化过程用了多少时间?

(4)图中BC段表示这种合金处于什么状态?

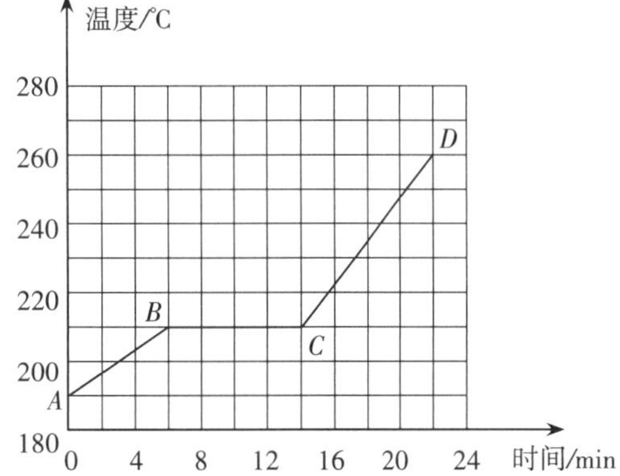

课时作业5　液体

基础训练

1.下列现象中,不是由于液体的表面张力造成的是(　　)

A.船浮于水面上

B.硬币或钢针浮于水面上

C.绸布伞有缝隙但不漏雨水

D.锋利的玻璃片,用酒精灯烧一段时间后变钝了

2.关于液晶的下列说法中正确的是(　　)

A.液晶是液体和晶体的混合物

B.液晶分子在特定方向排列比较整齐

C.电子手表中的液晶在外加电压的影响下,能够发光

D.所有物质在一定条件下都能成为液晶

3.(多选)关于浸润和不浸润现象,下列说法中正确的是(　　)

A.水银是浸润液体,水是不浸润液体

B.在内径小的容器里,如果液体能浸润容器壁,则液面成凹形,且液体在容器内上升

C.当液体和与之接触的固体的相互作用比液体分子之间的相互作用弱时,就会形成浸润现象

D.在人造卫星中,由于一切物体都处于完全失重状态,所以一个固定着的容器中装有浸润其器壁的液体时,必须用盖子盖紧,否则容器中液体一定会沿器壁流散

4.下列属于液晶态的分子示意图的是(　　)

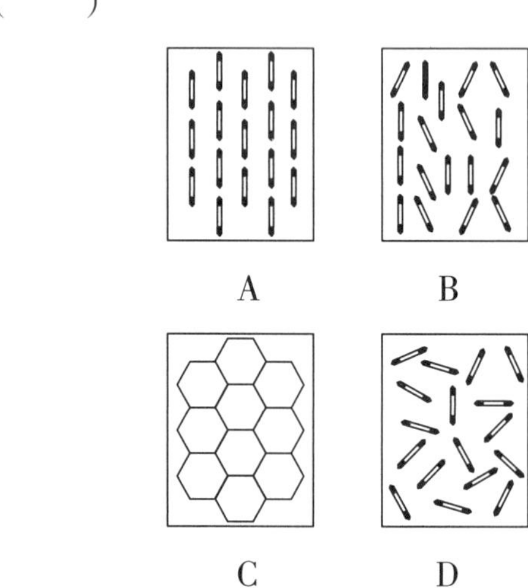

5.如图所示,玻璃烧杯中盛有少许水银,在太空轨道上运行的宇宙飞船内,水银在烧杯中呈怎样的形状(　　)

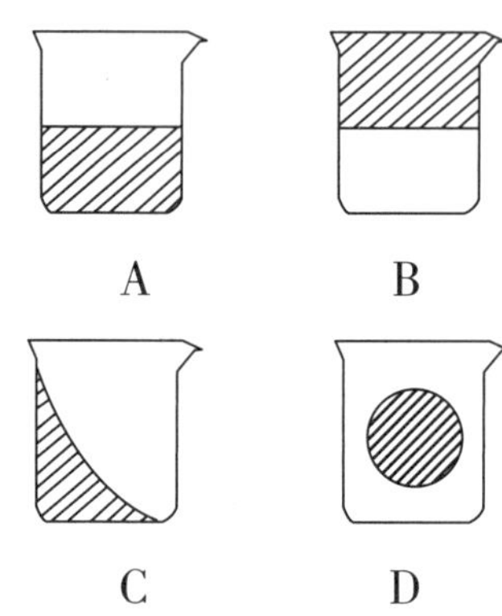

6.“挤毛巾”和“液桥”都是国际空间站展示的有趣实验。宇航员先将干毛巾一端蘸水后能使得整个毛巾完全浸湿,然后再用双手试图拧干,只见毛巾被挤出的水像一层果冻一样紧紧地吸附在毛巾的外表面,宇航员的手也粘有一层厚厚的水。2022年3月23日,我国宇航员王亚平在空间站做了“液桥实

验”，如图所示。关于这两个现象的描述不正确的是(　　)

A.在地球上将湿毛巾能“拧干”是因为水不能浸润毛巾

B.干毛巾蘸水变得完全浸湿是毛细现象

C.水对宇航员的手和液桥板都是浸润的

D.“液桥”实验装置脱手后两液桥板最终合在一起，这是水的表面张力在起作用

7.如图所示，将不同材料制作的甲、乙细管竖直插入水中，甲管内水面低于管外水面，乙管内水面高出管外水面。下列说法正确的是(　　)

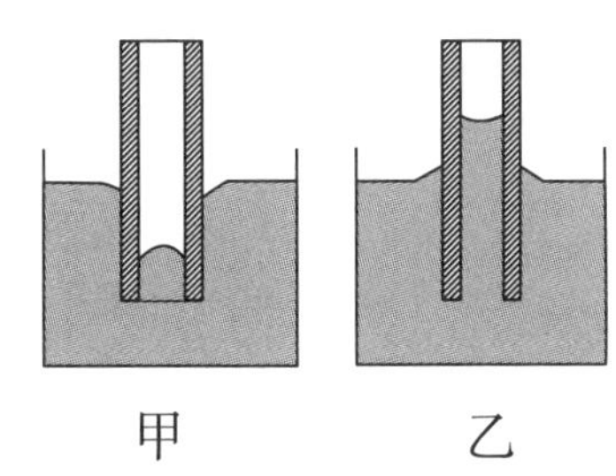

甲　　　　乙

A.水与甲管的现象叫作浸润，水与乙管的现象叫作不浸润

B.水与甲管的相互作用比水分子之间的相互作用强

C.两图现象均是毛细现象

D.用乙管材料制作防水衣防水效果比甲管材料好

8.下列四幅图所涉及的物理知识，论述正确的是(　　)

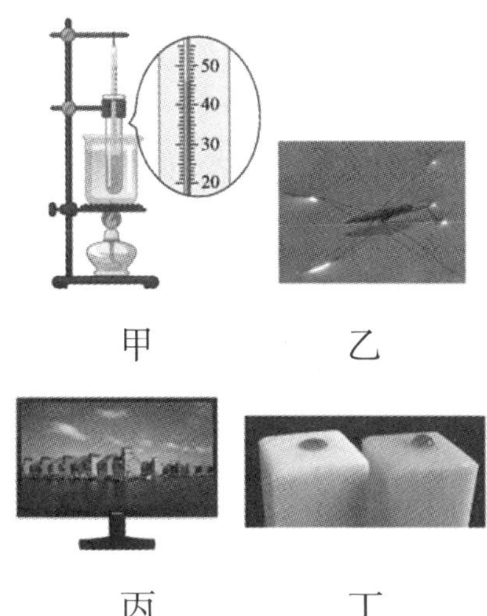

甲　　　　乙

丙　　　　丁

A.图甲说明晶体都有确定熔点，且熔化过程分子平均动能变大

B.图乙水黾可以在水面自由活动，说明它所受的浮力大于重力

C.图丙液晶显示器是利用液晶光学性质具有各向异性的特点制成的

D.图丁中的酱油与左边材料不浸润，与右边材料浸润

能力提升

9.如图所示，金属框上阴影部分表示液体肥皂膜，它被棉线分割成a、b两部分，若将液体肥皂膜的a部分用热针刺破，棉线的形状是下图中的(　　)

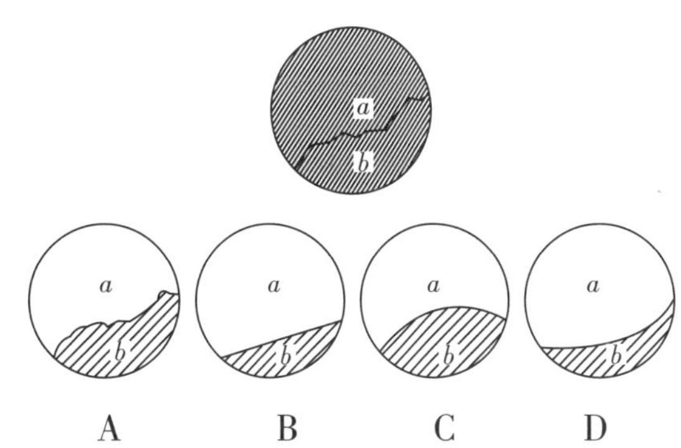

10.(多选)关于液体的表面张力,下列说法正确的是(　　)

A.表面张力是液体各部分间的相互作用

B.液体与大气相接触的表面层内,分子间的作用表现为相互吸引

C.液体表面张力的方向与液面垂直并指向液体内部

D.布雨伞能够遮雨,其原因之一是液体表面存在张力

11.图甲是吹肥皂泡游戏的画面,表达了小朋友童年时对美好生活的向往。如图乙,在玻璃杯内注入肥皂水,再用铁丝做成的圆环放进玻璃杯中,蘸满肥皂水后取出,可以吹出大小不一、在空中做无规则运动的肥皂泡,则(　　)

甲

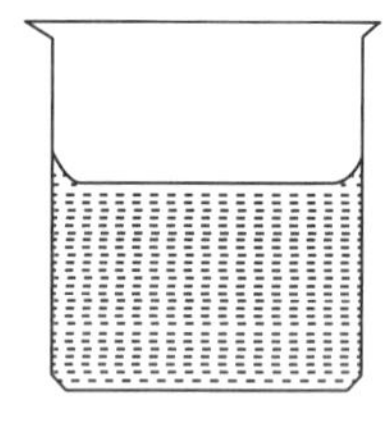

乙

A.肥皂水不能浸润玻璃

B.肥皂泡的无规则运动属于布朗运动

C.肥皂泡呈球状与液体的表面张力有关

D.肥皂泡表面液体分子间只存在引力,没有斥力

12.(多选)下列说法中正确的是(　　)

A.液晶分子的空间排列不稳定,具有流动性和各向同性

B.同种物质可能以晶体和非晶体两种不同形态出现

C.插入水中的细玻璃管管内液面为凹面,是由于水与玻璃之间的相互作用比水分子之间的相互作用强

D.小草上的露珠呈球形,是由于水的表面层分子间距较大,分子力表现为引力,使水的表面收缩从而形成球形

13.2021年12月9日,航天员王亚平在太空进行授课,图甲为授课场景,水滴呈现球形,这是由于水的表面张力作用的结果,分子间作用力F与分子间距离r的关系如乙所示,水滴表面层中水分子之间的距离________r_0(填"大于""小于"或"等于")。若空间中两个水分子间距从无限远逐渐变小,直到小于r_0,则分子势能变化的趋势是________。

甲

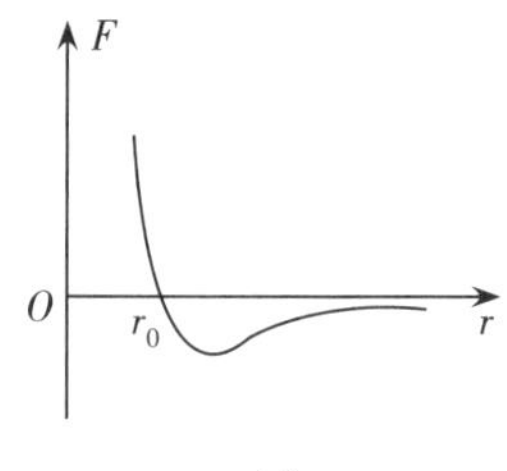

乙

章末测试题

一、单项选择题

1.关于热平衡,下列说法不正确的是(　　)

A.系统甲与系统乙达到热平衡就是它们的温度达到相同的数值

B.标准状况下冰水混合物与0 ℃的水未达到热平衡

C.量体温时体温计需和身体接触5分钟左右是为了让体温计跟身体达到热平衡

D.冷热程度相同的两系统处于热平衡状态

2.如图所示,是一定质量的理想气体状态变化的p-V图像,气体由状态A变化到状态B的过程中,气体分子平均速率的变化情况是(　　)

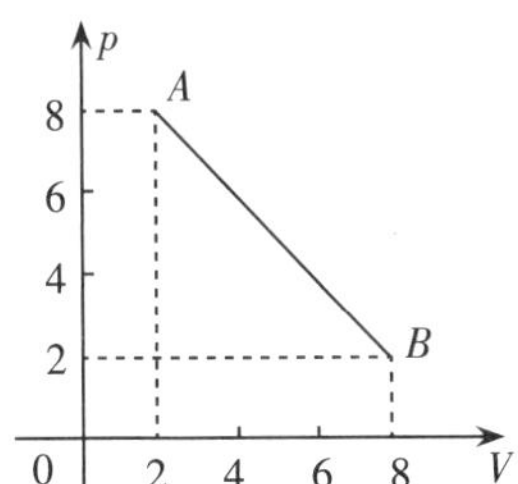

A.一直保持不变　　B.一直增大

C.先减小后增大　　D.先增大后减小

3.关于晶体和非晶体,下列说法错误的是(　　)

A.有些晶体在不同的方向上有不同的光学性质

B.将一块晶体敲碎后,得到的小颗粒是非晶体

C.由同种元素构成的固体,可能会由于原子的排列方式不同而成为不同的晶体

D.在合适的条件下,某些晶体可以转化为非晶体,某些非晶体也可以转化为晶体

4.下列关于液晶的说法中正确的是(　　)

A.液晶在电压作用下的光学性质不会改变

B.液晶的状态不会受温度的影响

C.液晶和液体没有区别

D.在显示器方面的应用是液晶的主要应用方向

5.下列说法不正确的是(　　)

A.在毛细现象中,毛细管中的液面有的升高,有的降低,这与液体的种类和毛细管的材质有关

B.脱脂棉脱脂的目的在于使它从不被水浸润变为可以被水浸润,以便吸取药液

C.烧热的针尖接触涂有蜂蜡薄层的云母片背面,熔化的蜂蜡呈椭圆形,说明蜂蜡是晶体

D.在空间站完全失重的环境下,水滴能收缩成标准的球形是因为液体表面张力的作用

6.下列说法正确的(　　)

①浸润液体会在细管里上升

②附着层液体分子受到固体的引力大于

液体内部对附着层分子引力时发生浸润现象

③在建筑房屋时,砌砖的地基上要铺上一层油毡或涂过沥青的厚纸,这是为了增加毛细现象使地下水容易上升

④农田里如果要保持地下水分,就要把地面的土壤锄松,以减少毛细现象的发生

A.①②③　　B.①②④

C.①③④　　D.②③④

7.如图所示,a、b表示两部分气体的等压线,根据图中信息可知,当t=273 ℃,气体a的体积比气体b的体积大(　　)

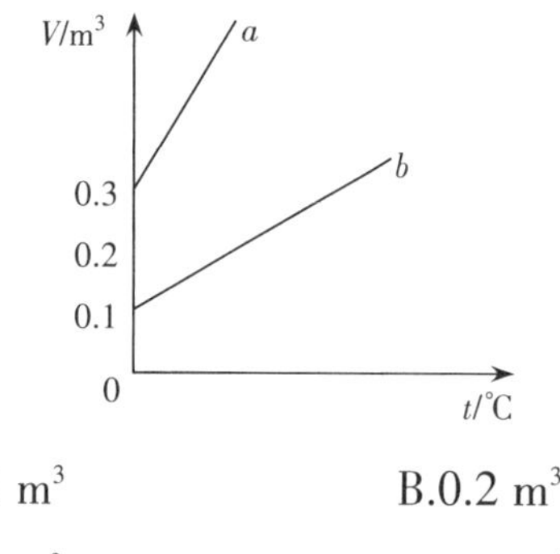

A.0.1 m^3　　B.0.2 m^3

C.0.3 m^3　　D.0.4 m^3

8.如图,各实线分别表示一定质量的理想气体经历的不同状态变化过程,其中气体体积减小的过程为(　　)

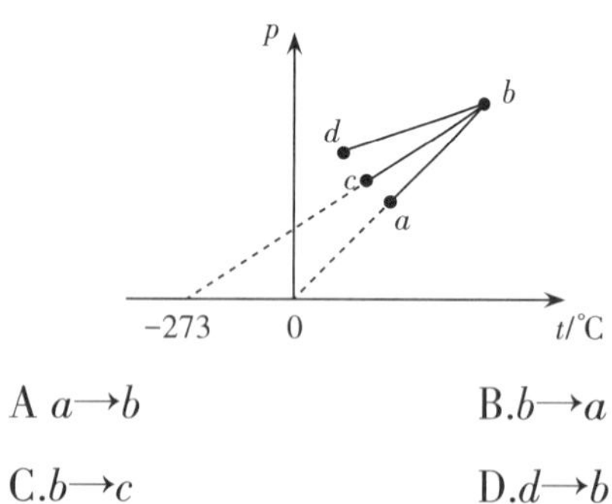

A $a→b$　　B.$b→a$

C.$b→c$　　D.$d→b$

9.左端封闭右端开口粗细均匀的倒置U形玻璃管,用水银封住两部分气体,静止时如图所示,若让管保持竖直状态做自由落体运动,则(　　)

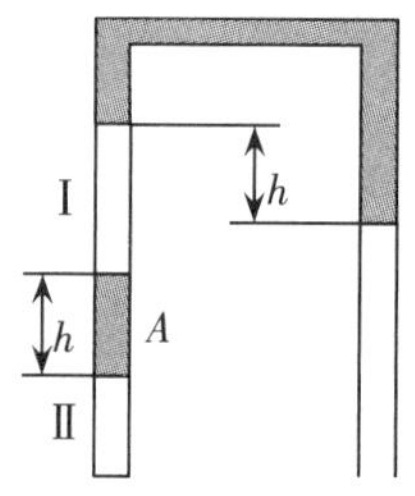

A.气体柱Ⅰ长度减小

B.气体柱Ⅱ长度将增大

C.左管中水银柱A将上移

D.右管中水银面将下降

二、多项选择题

10.对于一定质量的理想气体,下述状态变化过程中哪些是可能的(　　)

A.压强增大,分子密集程度减小,分子平均动能减小

B.压强增大,分子密集程度增大,分子平均动能减小

C.压强减小,分子密集程度减小,分子平均动能减小

D.压强减小,分子密集程度增大,分子平均动能减小

11.如图所示,两端开口的弯管,左管插入水银槽中,管内外高度差为h_1,右管有一段水银柱,高度差为h_2,中间封有一段空气。则(　　)

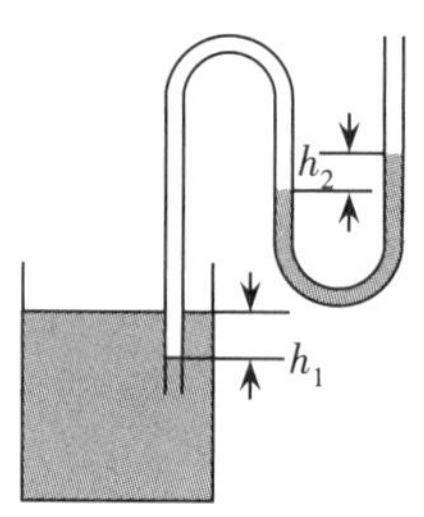

A.若大气压升高,则h_1减小

B.若环境温度升高,则h_2增大

C.若把弯管向上移动少许,则管内气体体积不变

D.若把弯管向下移动少许，则管内气体压强增大

12.如图，横截面积均为$S=10\ cm^2$的两个导热汽缸，下端由容积可忽略的细管连通，细管中间有一阀门K。两汽缸分别用质量为$m=1\ kg$和$M=2\ kg$的活塞封闭着两部分气体。左边活塞距汽缸底部$L=44\ cm$，右边活塞距汽缸底部$\frac{1}{2}L$。忽略活塞与容器壁间的摩擦力，容器壁导热性能良好，大气压强为$p_0=1.0\times10^5\ Pa$，现打开阀门K。以下说法正确的是(　　)

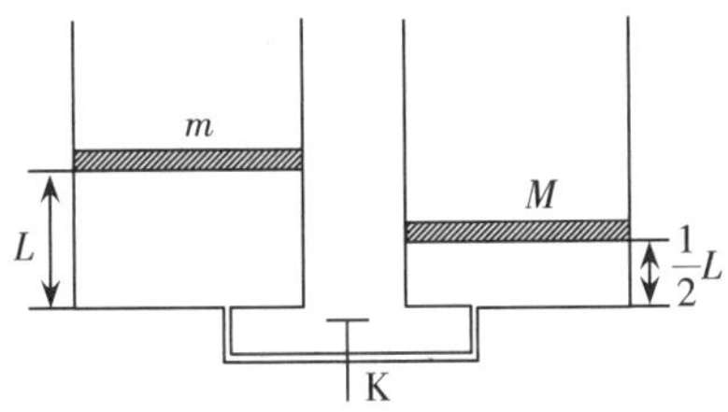

A.最终左边活塞的高度将上升

B.最终左边活塞的高度将下降

C.最终左边活塞的高度的变化量为24 cm

D.最终左边活塞的高度的变化量为12 cm

三、非选择题

13.2019年12月以来，我国部分地区突发疫情，给人民的生命及身心健康带来极大威胁。在国家正确指引和全国人民共同努力下，目前已取得可喜的成果。在医疗期间，氧气瓶成了每个重症患者的必备品，假设一氧气瓶的容积为$0.16\ m^3$，开始时瓶中氧气的压强为20个大气压。某医院一患者每天消耗1个大气压的氧气$0.96\ m^3$，当氧气瓶中的压强降低到2个大气压时，需重新充气。氧气的温度保持不变，氧气瓶中的氧气视为理想气体。求：这瓶氧气重新充气前可供该患者使用几天？

14.一热气球体积为V，内部充有温度为T_a的热空气，气球外冷空气的温度为T_b。已知空气在1个大气压、温度为T_0时的密度为ρ_0，该气球内、外的气压始终都为1个大气压，重力加速度大小为g。

(1)求该热气球所受浮力的大小；

(2)求该热气球内空气所受的重力；

(3)设充气前热气球的质量为m_0，求充气后它还能托起的最大质量。

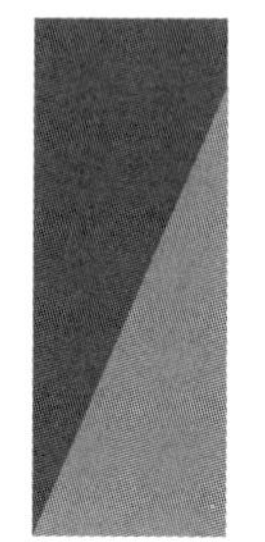

第三章 热力学定律

课时作业1 功、热和内能的改变

基础训练

1.容器中盛有冰水混合物,冰的质量和水的质量相同且保持不变,则容器内(　　)

A.冰的分子平均动能大于水的分子平均动能

B.水的分子平均动能大于冰的分子平均动能

C.水的内能大于冰的内能

D.冰的内能大于水的内能

2.下面有关机械能和内能的说法中正确的是(　　)

A.机械能大的物体,内能一定也大

B.物体做加速运动时,其运动速度越来越大,物体内分子平均动能必增大

C.物体温度降低时,其机械能必减少

D.摩擦生热是机械能向内能的转化

3.当甲、乙两物体相互接触后,热量从甲物体传递给乙物体,这样的情况表示甲物体具有(　　)

A.较高的热量　　B.较大的比热容

C.较大的密度　　D.较高的温度

4.如图为电冰箱的工作原理图,压缩机工作时,强迫制冷剂在冰箱内外的管道中不断循环,那么,下列说法正确的是(　　)

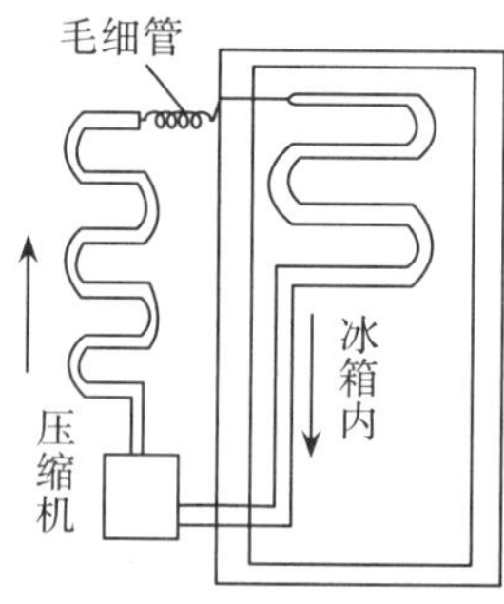

A.在冰箱内的管道中,制冷剂被剧烈压缩,内能增加,吸收热量

B.在冰箱内的管道中,制冷剂迅速膨胀,内能减小,吸收热量

C.在冰箱外的管道中,制冷剂被剧烈压缩,内能增加,吸收热量

D.在冰箱外的管道中,制冷剂迅速膨胀,内能减小,放出热量

5.下列有关温度的说法中正确的是(　　)

A.温度低的物体内能小

B.温度低的物体,其分子运动的平均速率也必然小

C.做加速运动的物体，由于速度越来越大，因此物体分子的平均动能越来越大

D.0 ℃的铁和0 ℃的冰，它们的分子平均动能相同

6.下列关于温度和内能的说法，正确的是(　　)

A.分子质量不同的物质如果温度相同，物体分子的平均动能也相同

B.物体的内能变化时，它的温度一定改变

C.同种物质，温度高时的内能肯定比温度低时的内能大

D.物体的内能等于物体的势能和动能的总和

7.下列过程，哪一个是通过热传递增加物体内能的(　　)

A.火车经过后，铁轨的温度升高

B.压缩筒内空气，使乙醚达到着火点

C.铁片在室外被太阳晒热

D.流星在空气中高速下落，发出光和热

8.一木块从斜面上匀速下滑，在下滑的过程中，木块的温度不断升高，则(　　)

A.分子势能减小，分子平均动能不变

B.机械能减小，内能增大

C.机械能不变，内能增大

D.分子势能增大，分子平均动能增大

能力提升

9.(多选)如图为焦耳实验装置图，用绝热性能良好的材料将容器包好，重物下落带动叶片搅拌容器里的水，引起水温升高。关于这个实验，下列说法正确的是(　　)

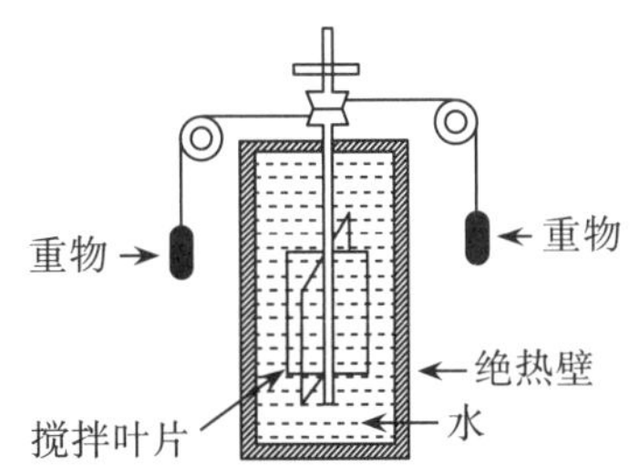

A.这个装置可测定物体做功和水温上升间的关系

B.做功增加了水的热量

C.做功增加了水的内能

D.功和热量是完全等价的，无区别

10.雨滴从400 m高处由静止下落，设它受到的平均阻力为重力的0.7倍，雨滴在整个落地过程中所产生的热能有30%被其吸收，则落地时雨滴温度升高了多少?[g取10 m/s²，水的比热容c=4.2×10³ J/(kg·℃)]

课时作业2 热力学第一定律

基础训练

1.气体膨胀对外做功100 J,同时从外界吸收了120 J的热量,它的内能的变化量是( )

A.减少20 J B.增加20 J

C.减少220 J D.增加220 J

2.一定质量的气体在保持压强恒等于1.0×10^5 Pa的状况下,体积从20 L膨胀到30 L,这一过程中气体从外界吸热4×10^3 J,则气体内能的变化为( )

A.增加了5×10^3 J

B.减少了5×10^3 J

C.增加了3×10^3 J

D.减少了3×10^3 J

3.带有活塞的汽缸内封闭一定量的理想气体。气体开始处于状态a,然后经过过程ab到达状态b或经过过程ac到达状态c,b、c状态温度相同,如图所示。设气体在状态b和状态c的压强分别为p_b和p_c,在过程ab和ac中吸收的热量分别为Q_{ab}和Q_{ac},则( )

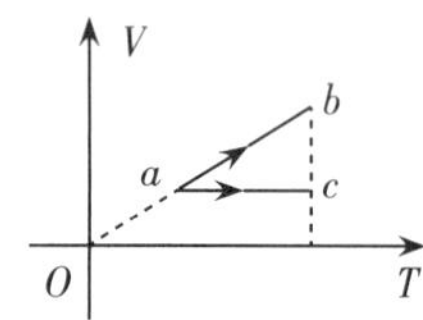

A.$p_b>p_c$,$Q_{ab}>Q_{ac}$

B.$p_b>p_c$,$Q_{ab}<Q_{ac}$

C.$p_b<p_c$,$Q_{ab}>Q_{ac}$

D.$p_b<p_c$,$Q_{ab}<Q_{ac}$

4.给旱区送水的消防车停于水平地面,在缓慢放水过程中,若车胎不漏气,胎内气体温度不变,不计分子间势能,则胎内气体( )

A.从外界吸热

B.对外界做负功

C.分子平均动能减小

D.内能增加

5.重庆的出租车常以天然气作为燃料,加气站储气罐中天然气的温度随气温升高的过程中,若储气罐内气体体积及质量均不变,则罐内气体(可视为理想气体)( )

A.压强增大,内能减小

B.吸收热量,内能增大

C.压强减小,分子平均动能增大

D.对外做功,分子平均动能减小

6.如图所示,在竖直放置的圆柱容器内,用活塞密封一部分气体,活塞质量为m,容器的横截面积为S,活塞与容器壁间无摩擦,平衡时容器内的密闭气体的压强为p,外界大气压恒为p_0。当气体从外界吸收热量Q、活塞升高h后再次平衡(可认为气体压强恒为p不变)。则在此过程中密闭气体增加的内能等于( )

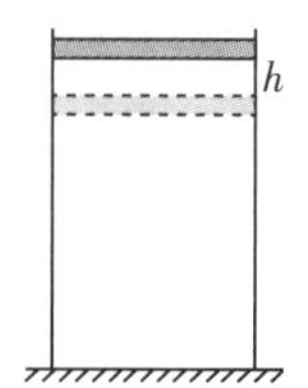

A.Q B.$Q-mgh$

C.$Q-mgh-p_0Sh$ D.$Q-mgh+p_0Sh$

7.(多选)如图,内壁光滑、导热良好的汽缸中用活塞封闭有一定质量的理想气体。当环境温度升高时,缸内气体(　　)

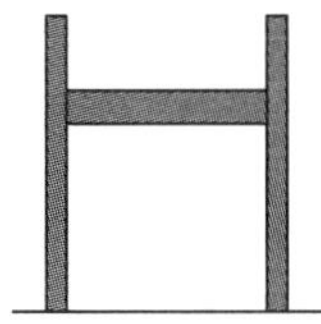

A.内能增加

B.对外做功

C.压强增大

D.分子间的引力和斥力都增大

8.(多选)实验室内,某同学用导热性能良好的汽缸和活塞将一定质量的理想气体封闭在汽缸内(活塞与汽缸壁之间无摩擦),待活塞静止后,再用一个装有与室温温度相同的水的小滴管贴近活塞,将滴管内的水缓慢滴注在活塞上方,如图所示。在此过程中,若大气压强与室内的温度均保持不变,则下列说法正确的是(　　)

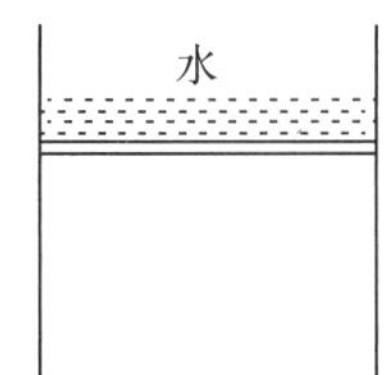

A.单位时间内,缸内气体分子对活塞撞击的次数保持不变

B.汽缸内气体的内能不变

C.外界对缸内气体做的功等于缸内气体向外界释放的热量

D.外界对缸内气体做的功等于缸内气体增加的内能

能力提升

9.(多选)如图所示,a、b、c、d表示一定质量的理想气体状态变化过程中的四个状态,图中ad平行于横坐标轴,cd平行于纵坐标轴,ab的延长线过原点。以下说法正确的是(　　)

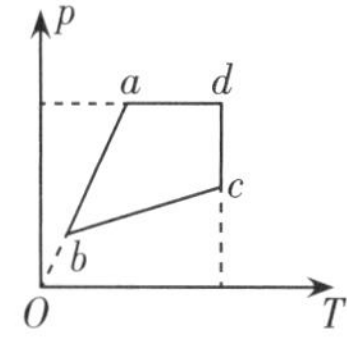

A.从状态d到c,气体不吸热也不放热

B.从状态c到b,气体放热

C.从状态a到d,气体对外做功

D.从状态b到a,气体吸热

10.爆米花酥脆可口、老少皆宜,是许多人喜爱的休闲零食,如图为高压爆米花装置的原理图,玉米在铁质的密闭容器内被加热,封闭气体被加热成高温高压气体,当打开容器盖后,“嘭”的一声气体迅速膨胀,压强急剧减小,玉米粒就“爆炸”成了爆米花。设当地温度为t_1=27 ℃,大气压为p_0,已知密闭容器打开前的气体压强达到$4p_0$。

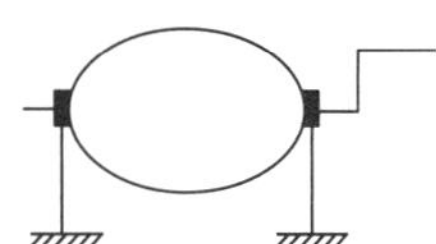

(1)容器内的气体看作理想气体,求容器内气体的温度。

(2)假定在一次打开的过程中,容器内气体膨胀对外界做功15 kJ,并向外释放了20 kJ的热量,容器内原有气体的内能如何变化?变化了多少?

11.一定质量的理想气体从状态A变化到状态B,再变化到状态C,其状态变化过程的p-V图像如图所示。已知该气体在状态A时的温度为27 ℃。求:

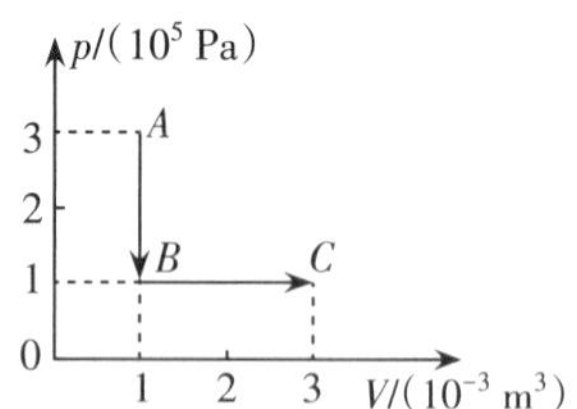

(1)该气体在状态B时的温度;

(2)该气体从状态A到状态C的过程中与外界交换的能量。

专题 理想气体状态方程和热力学第一定律的综合应用

基础训练

1.(多选)如图所示,一定质量的理想气体从状态a出发,经过等容过程ab到达状态b,再经过等温过程bc到达状态c,最后经等压过程ca回到状态a。下列说法正确的是(　　)

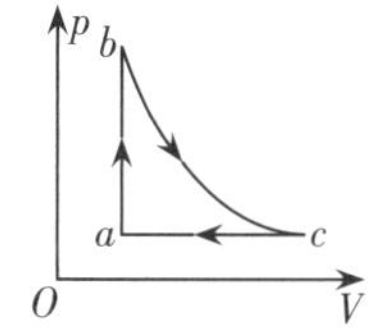

A.在过程ab中气体的内能增加

B.在过程ca中外界对气体做功

C.在过程ab中气体对外界做功

D.在过程bc中气体从外界吸收热量

2.在寒冷的冬天里泡一泡温泉,不仅可以消除疲劳,还可扩张血管,促进血液循环,加速人体新陈代谢。假设水温恒定,则温泉中正在缓慢上升的气泡(　　)

A.压强增大,体积减小,吸收热量

B.压强增大,体积减小,放出热量

C.压强减小,体积增大,吸收热量

D.压强减小,体积增大,放出热量

3.(多选)一定质量的理想气体从状态A经过状态B变化到状态C,其$V-T$图像如图所示。下列说法正确的有(　　)

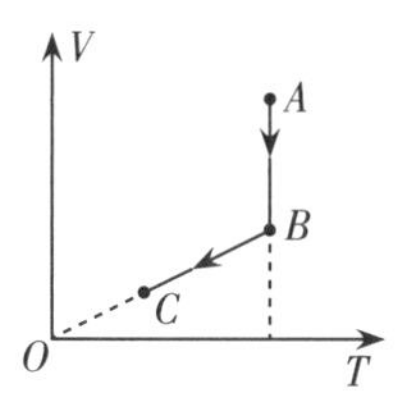

A.$A\to B$的过程中,气体对外界做功

B.$A\to B$的过程中,气体放出热量

C.$B\to C$的过程中,气体压强不变

D.$A\to B\to C$的过程中,气体内能增加

4.(多选)一定质量的理想气体由状态Ⅰ(p_1,V_1,T_1)被压缩至状态Ⅱ(p_2,V_2,T_2),已知$T_2>T_1$,则该过程中(　　)

A.气体的内能一定是增加的

B.气体可能向外界放热

C.气体一定从外界吸收热量

D.外界对气体做正功

5.(多选)如图,一定质量的理想气体从状态a开始,经历过程①②③④到达状态e。对此气体,下列说法正确的是(　　)

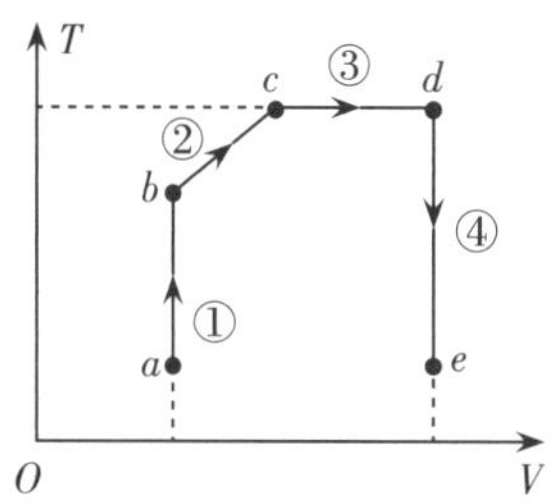

A.过程①中气体的压强逐渐减小

B.过程②中气体对外界做正功

C.过程④中气体从外界吸收了热量

D.状态c、d的内能相等

6.(多选)一定质量的理想气体,经历如图所示的循环,该过程每个状态视为平衡态,各状态参数如图所示,已知a状态的体积为$2.0\times10^{-3}\ m^3$,则下列说法正确的是(　　)

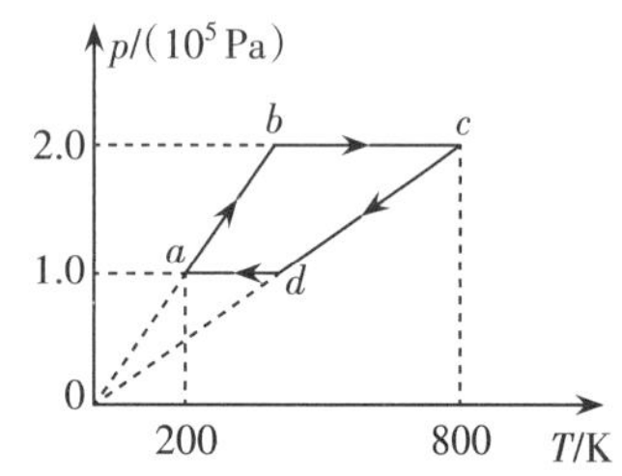

A.各状态气体体积 $V_a=V_b>V_c=V_d$

B.$b\to c$ 过程中,气体吸热

C.$c\to d$ 过程中,气体内能增加

D.$d\to a$ 过程中,外界对气体做功200 J

7.用于消毒的喷壶示意图如图甲所示。储气室内气体可视为理想气体,在喷液过程中储气室内温度保持不变,气体的 p-V 图像如图乙所示,A、B 是双曲线上的两点。下列说法正确的是(　　)

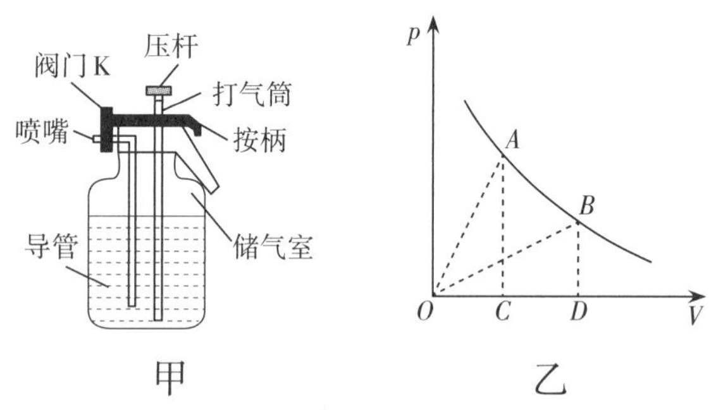

A.气体在状态 A 的内能一定大于在状态 B 的内能

B.气体从状态 A 变化到状态 B 的过程中,气体吸收的热量大于气体对外做的功

C.图中△OAC 和△OBD 的面积一定相等

D.气体从状态 A 变化到状态 B 的过程中,气体分子单位时间内对器壁单位面积上的碰撞次数不变

能力提升

8.(多选)如图所示,一定质量的理想气体,从状态 A 经绝热过程 $A\to B$、等容过程 $B\to C$、等温过程 $C\to A$ 又回到了状态 A,(不计分子势能的变化)则(　　)

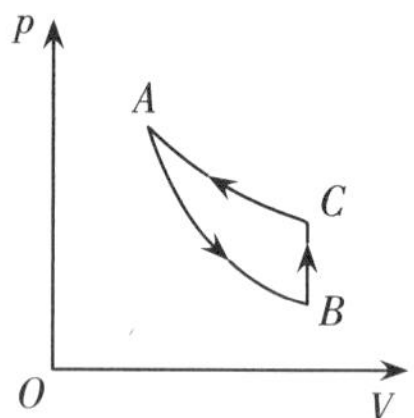

A.$A\to B$ 过程气体升温

B.$B\to C$ 过程气体内能增加,气体吸热

C.$C\to A$ 过程气体放热

D.全部过程气体做功为零

9.如图所示,导热材料制成的横截面积相等、长度均为45 cm的汽缸A、B通过带有阀门的管道连接。初始时阀门关闭,厚度不计的光滑活塞位于B内左侧,在A内充满压强 $p_A=2.8\times10^5$ Pa的理想气体,B内充满压强 $p_B=1.4\times10^5$ Pa的理想气体,忽略连接汽缸的管道体积,室温不变,现打开阀门,求:

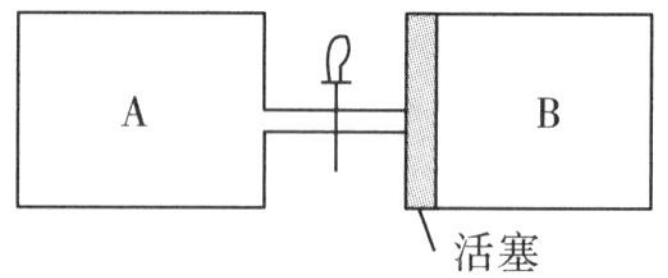

(1)平衡后活塞向右移动的距离和B中气体的压强;

(2)自打开阀门到平衡,B内气体是吸热还是放热(简要说明理由)。

10. 如图所示，内壁光滑、足够高的圆柱形汽缸竖直放置，内有一质量为m的活塞封闭一定质量的理想气体。已知活塞横截面积为S，外界大气压强为p_0，缸内气体温度为T_1。现对汽缸内气体缓慢加热，使气体体积由V_1增大到V_2，该过程中气体吸收的热量为Q_1，停止加热并保持体积V_2不变，使其降温到T_1，已知重力加速度大小为g，求：

(1)停止加热时缸内气体的温度；

(2)降温过程中气体放出的热量。

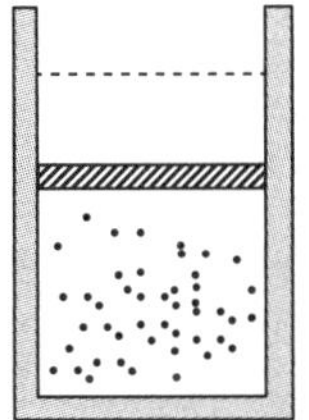

11. 如图所示，导热性能良好的汽缸内用活塞封闭一定质量的理想气体，活塞用轻弹簧与缸底相连，当汽缸如图甲水平放置时，弹簧伸长了x_0，活塞到缸底的距离为L_0，将汽缸缓慢转动竖直放置，开口向上，如图乙所示，这时活塞刚好向缸底移动了x_0的距离。已知活塞的横截面积为S，活塞与汽缸壁的摩擦不计，且气密性良好，活塞的质量为m，重力加速度大小为g，大气压强为p_0，外界的温度始终不变。

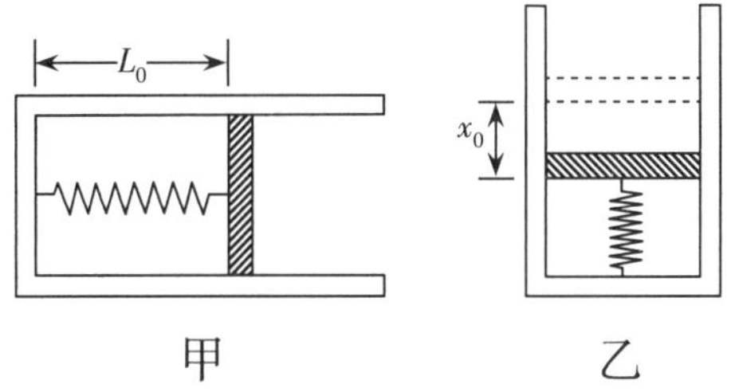

甲　　乙

(1)求弹簧的劲度系数。

(2)若从甲图到乙图的过程中，气体放出的热量为Q，活塞的重力对气体做的功为W，则弹簧开始具有的弹性势能为多少？

12. 如图所示,圆柱形绝热汽缸固定在水平地面上,内有一个不漏气的绝热活塞可以无摩擦地移动,活塞质量为m。汽缸内封闭了一部分理想气体,活塞的面积为S,在活塞正上方用细线悬挂了一质量为m的重物。初始时,活塞距汽缸底和重物下端的距离均为L,汽缸内气体温度为T_0。外界大气压强为p_0,重力加速度大小为g,各量均为国际单位。现接通电源(图中未画出)通过电阻丝给缸内的封闭气体缓慢加热,不计电热丝由于温度升高而吸收的热量。

(1)活塞刚接触重物时,汽缸内的温度为多少?

(2)重物刚开始上升时,汽缸内的温度为多少?

(3)若从开始加热到重物刚要上升,电阻丝产生的热量为Q,则气体内能变化了多少?

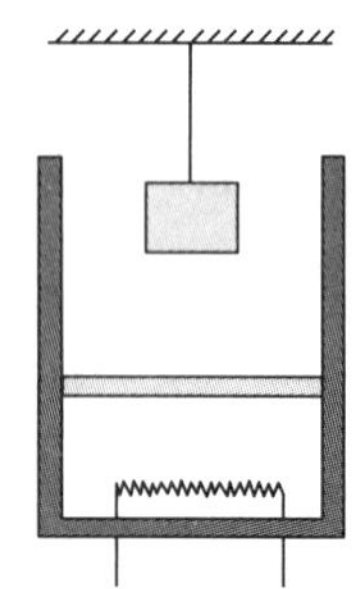

课时作业3　能量守恒定律

基础训练

1.秋千摆动幅度越来越小,关于该过程,下列说法中正确的是(　　)

A.机械能守恒

B.能量正在消失

C.只有动能和重力势能的相互转化

D.减少的机械能转化为内能,但总能量守恒

2.(多选)一物体获得一定初速度后,沿着一粗糙斜面上滑,在上滑过程中,物体和斜面组成的系统(　　)

A.机械能守恒

B.总能量守恒

C.机械能和内能增加

D.机械能减少,内能增加

3.一木箱静止于水平面上,现在用一个80 N的水平推力推动木箱前进10 m,木箱受到的摩擦力为60 N,则转化为木箱与地面系统的内能U和转化为木箱的动能E_k分别是(　　)

A.U=200 J,E_k=600 J

B.U=600 J,E_k=200 J

C.U=600 J,E_k=800 J

D.U=800 J,E_k=200 J

4.如图所示,绝缘支座上,C球带正电,枕形导体A、B靠在一起,现将A、B分开,分别接触一个小电机的两个接线柱,如果小电动机非常灵敏,它便会开始转动。当电动机还没有停止时,又立刻把A、B在C附近碰一下再分开,再和电动机两接线柱接触,如此下去,小电动机便能不停地转动。则下列说法正确的是(　　)

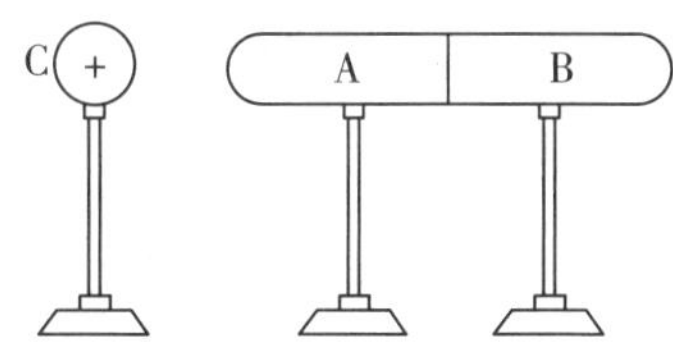

A.A、B分开后A左端带正电,B右端带负电

B.A、B分开前,AB是一个等势体

C.上述过程违背了能量守恒定律

D.上述过程说明永动机可以制成

能力提升

5.如图所示,A、B是两个完全相同的热胀冷缩明显的金属球,初温相同。A放在绝热板上,B用绝热绳悬挂。现只让它们吸热,当它们升高相同的温度时,吸热分别为Q_A、Q_B,则(　　)

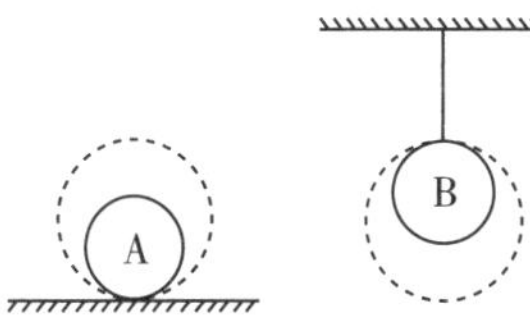

A.$Q_A=Q_B$

B.$Q_A<Q_B$

C.$Q_A>Q_B$

D.无法确定

6. 如图所示,一演示用的“永动机”转轮由5根轻杆和转轴构成,轻杆的末端装有用形状记忆合金制成的叶片。轻推转轮后,进入热水的叶片因伸展而“划水”,推动转轮转动。离开热水后,叶片形状迅速恢复,转轮因此能较长时间转动。下列说法正确的是(　　)

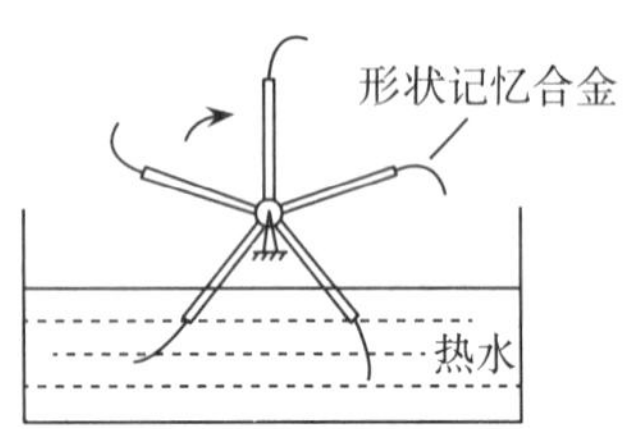

A.转轮依靠自身惯性转动,不需要消耗外界能量

B.转轮转动所需能量来自形状记忆合金自身

C.转动的叶片不断搅动热水,水温升高

D.叶片在热水中吸收的热量一定大于在空气中释放的热量

7.楞次定律是下列哪个定律在电磁感应现象中的具体体现(　　)

A.电阻定律

B.库仑定律

C.欧姆定律

D.能量守恒定律

8. 重1 000 kg的气锤从2.5 m高处自由落下,打在质量为20 kg的铁块上,要使铁块的温度升高40 ℃以上,气锤至少应落下多少次?[设气锤撞击铁块时做的功有60%用来升高铁块的温度且铁块热量不散失,g取10 m/s²,不计空气阻力,铁的比热容$c=4.62\times10^2$ J/(kg·℃)]

课时作业4 热力学第二定律

基础训练

1.关于热力学第二定律,下列说法正确的是( )

A.热力学第二定律是通过实验总结出来的实验定律

B.热力学第二定律是通过大量自然现象的不可逆性总结出来的经验定律

C.热力学第二定律是物理学家从理论推导出来的结果

D.由于热力学第二定律没有理论和实验的依据,因此没有实际意义

2.(多选)下列关于能量转化的说法中,正确的是( )

A.机械能可以转化为内能,但内能不能转化为机械能

B.机械能可以转化为内能,内能也能转化为机械能

C.机械能不可以转化为内能,但内能可以转化为机械能

D.机械能可以转化为内能,但内能不能全部转化为机械能,同时不引起其他变化

3.根据热力学定律,下列判断正确的是( )

A.我们可以把火炉散失到周围环境中的能量全部收集到火炉中再次用来取暖

B.利用浅层海水和深层海水间的温度差制造出一种热机,将海水的一部分内能转化为机械能,这在原理上是可行的

C.制冷系统能将冰箱内的热量传给外界较高温度的空气,而不引起其他变化

D.满足能量守恒定律的客观过程都可以自发地进行

4.下列说法正确的是( )

A.冰箱能使热量从低温物体传递给高温物体,因此不遵从热力学第二定律

B.空调工作时消耗的电能与室内温度降低所放出的热量可以相等

C.自发的热传导是不可逆的

D.不可能通过给物体加热而使它运动起来,因为违背热力学第一定律

5.如图所示,汽缸内盛有一定质量的理想气体,汽缸壁是导热的,缸外环境保持恒温,活塞与汽缸壁接触光滑,但不漏气,现将活塞杆缓慢地向右移动,气体膨胀对外做功。已知理想气体的内能只与温度有关,则下列说法中正确的是( )

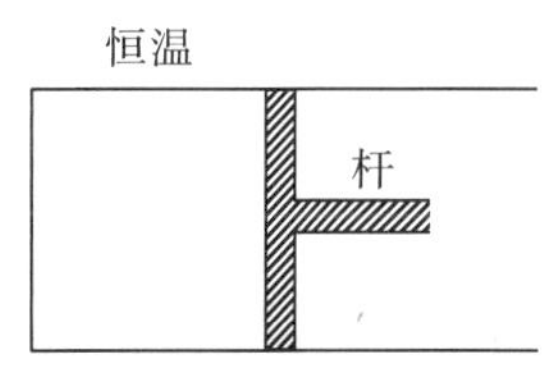

A.气体是从单一热库吸热,全用来对外做功,因此此过程违反热力学第二定律

B.气体是从单一热库吸热,但并未全用来对外做功,因此此过程不违反热力学第二定律

C. 气体是从单一热库吸热,全部用来对外做功,但此过程不违反热力学第二定律

D. 以上三种说法都不正确

6. 下列过程中,可能发生的是(　　)

A. 某工作物质从高温热源吸收 20 kJ 的热量,全部转化为机械能,而没有产生其他任何影响

B. 打开一高压密闭容器,其内气体自发溢出后又自发跑进去,恢复原状

C. 利用其他手段,使低温物体的温度更低,高温物体的温度更高

D. 两瓶不同液体自发混合,然后又自发地各自分开

7. 某校中学生参加电视台“异想天开”节目的活动,他们提出了下列四个设想方案,哪些从理论上是可行的(　　)

A. 制作一个装置从海水中吸收内能全部用来做功

B. 制作一个制冷设备,使温度降至绝对零度以下

C. 汽车尾气中各类有害气体排入大气后严重污染了空气,想办法使它们自发地分离,既清洁了空气,又变废为宝

D. 将房屋顶设计成太阳能板,可直接用太阳能来解决照明和热水问题

能力提升

8. 关于热力学定律和分子动理论,下列说法正确的是(　　)

A. 一定量气体吸收热量,其内能一定增大

B. 不可能使热量由低温物体传递到高温物体

C. 若两分子间距离增大,分子势能一定增大

D. 若两分子间距离减小,分子间引力和斥力都增大

9.(多选)用两种不同的金属丝组成一个回路,接触点 1 插在热水中,接触点 2 插在冷水中,如图所示,电流计指针会发生偏转,这就是温差发电现象。关于这一现象,正确的说法是(　　)

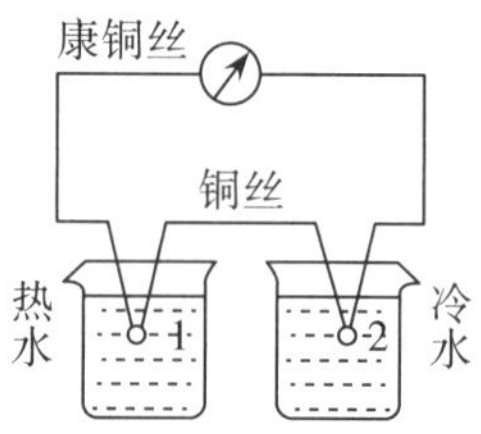

A. 这一实验过程不违反热力学第二定律

B. 在实验过程中,热水一定降温、冷水一定升温

C. 在实验过程中,热水内能全部转化成电能,电能则部分转化成冷水的内能

D. 在实验过程中,热水的内能只有部分转化成电能,电能则全部转化成冷水的内能

10. 制冷机是一种利用工作物质(制冷剂)的逆循环,使热量从低温物体传到高温物体的装置,通过制冷机的工作可以使一定空间内的物体温度低于环境温度并维持低温状态。夏天,将房间中一台正在工作的电冰箱的门打开,试分析:这是否可以降低室内的平均温度?为什么?

章末测试题

一、单项选择题

1. 下列说法正确的是(　　)

A. 自然界中涉及热现象的宏观过程都具有方向性

B. 物体的温度为0 ℃时,分子的平均动能为零

C. 用活塞压缩汽缸里的空气,对空气做功4.5×10^5 J,同时空气的内能增加了3.5×10^5 J,则空气从外界吸收热量1×10^5 J

D. 第一类永动机违反了热传导的方向性

2. 关于热现象,下列说法正确的是(　　)

A. 铁块熔化成铁水,它的内能不变

B. 越滚越慢的足球,它的内能一定减小

C. 用磨刀石磨菜刀,菜刀的内能增加

D. 木板很难被压缩,说明物质分子间存在引力

3. 关于物体内能的变化情况,下列说法中正确的是(　　)

A. 吸热的物体,其内能一定增加

B. 绝热压缩的物体,其内能一定增加

C. 放热的物体,其内能一定减少

D. 体积膨胀的物体,其内能一定减少

4. 第二类永动机不可能制成,是因为(　　)

A. 违背了能量的守恒定律

B. 热量总是从高温物体传递到低温物体

C. 机械能不能全部转化为内能

D. 内能不能全部转化为机械能,同时不引起其他变化

5. 一定质量的理想气体,沿箭头方向由状态1变化到状态2,其中气体吸收热量的变化过程是(　　)

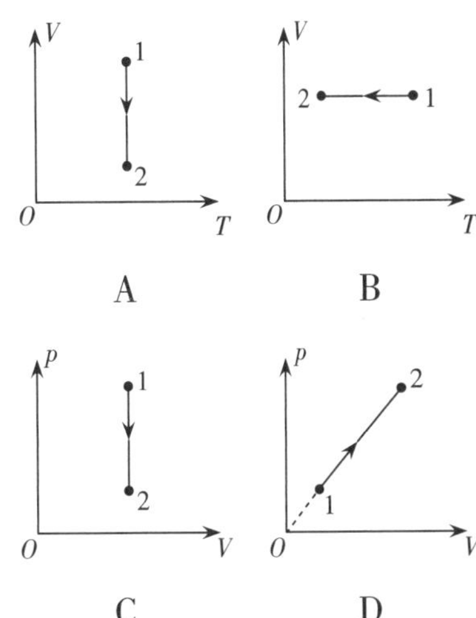

6. 如图所示,用细绳将一个导热良好且开口向下的汽缸悬挂在天花板上,汽缸内有一定质量的气体,不计气体分子之间的相互作用力,汽缸内活塞可以自由滑动且不漏气,活塞下挂个沙桶,当沙桶装满细沙时,活塞恰好静止,外部环境温度恒定,给沙桶底部开一小孔,细沙缓慢漏出,则在此过程中(　　)

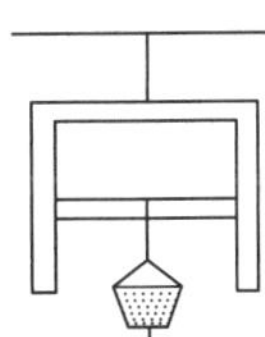

A. 汽缸内气体体积减小,温度降低

B. 汽缸内气体压强增加,内能不变

C. 外界对气体做功,气体温度升高

D. 气体向外界放热,气体内能减少

二、多项选择题

7.下面关于熵的说法正确的是(　　)

A.熵是物体内分子运动无序程度的量度

B.与热现象有关的一个自发的过程总是向熵减少的方向进行

C.热力学第二定律的微观实质是与热现象有关的自发宏观过程朝墒增加的方向进行

D.熵值越大,代表系统分子运动越无序

8.一定质量的理想气体,从状态A变化到状态B,再变化到状态C,其状态变化过程的p-V图像如图所示。已知气体处于状态A时的温度为27 ℃,则下列判断正确的是(　　)

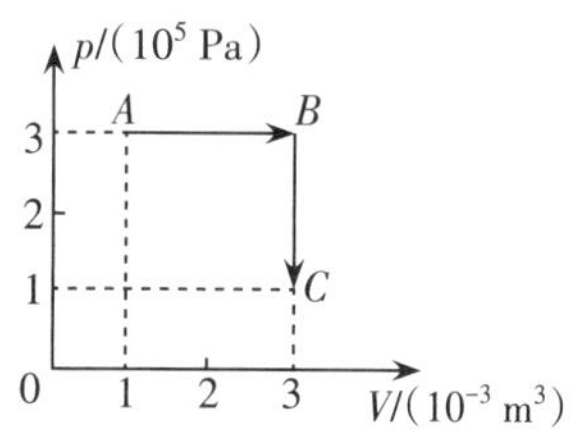

A.气体处于状态B时的温度是900 K

B.气体处于状态C时的温度是300 K

C.从状态A变化到状态C过程气体内能一直增大

D.从状态A变化到状态B过程气体放热

9.如图所示,一定质量的理想气体从状态A依次经过状态B、C和D后再回到状态A。其中,$A\to B$和$C\to D$为等温过程,$B\to C$和$D\to A$为绝热过程(气体与外界无热量交换)。这就是著名的"卡诺循环"。该循环过程中,下列说法正确的是(　　)

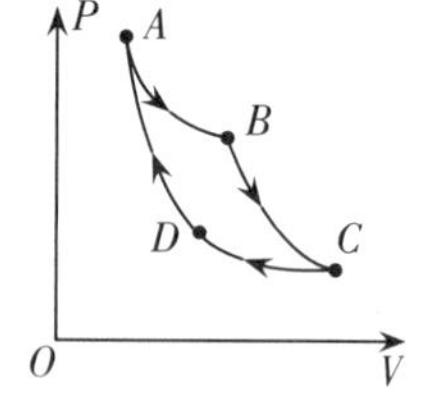

A.$A\to B$过程中,外界对气体做功

B.$B\to C$过程中,气体分子的平均动能减小

C.$C\to D$过程中,单位时间内碰撞单位面积器壁的分子数增多

D.$D\to A$过程中,气体分子的速率分布曲线不发生变化

10.如图所示,汽缸和活塞与外界均无热交换,中间有一个固定的导热性良好的隔板,封闭着两部分气体A和B,活塞处于静止平衡状态。现通过电热丝对气体A加热一段时间,后来活塞达到新的平衡,不计气体分子势能,不计活塞与汽缸壁间的摩擦,大气压强保持不变,则下列判断正确的是(　　)

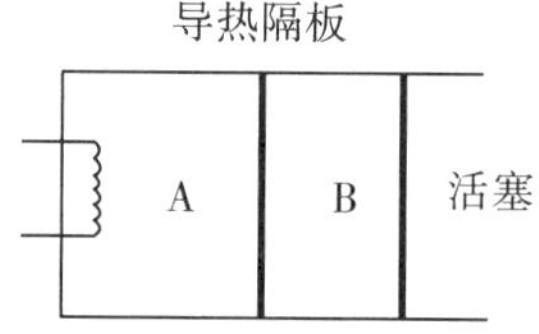

A.气体B吸热,对外做功,内能不变

B.气体A分子的平均动能增大

C.气体A和气体B内每个分子的动能都增大

D.气体B分子单位时间内对器壁单位面积碰撞总次数减少

11.如图所示,一导热性能良好的金属汽缸静放在水平面上,活塞与汽缸壁间的摩擦不计。汽缸内封闭了一定质量的理想气体。现缓慢地向活塞上倒一定质量的沙土,忽略环境温度的变化,在此过程中(　　)

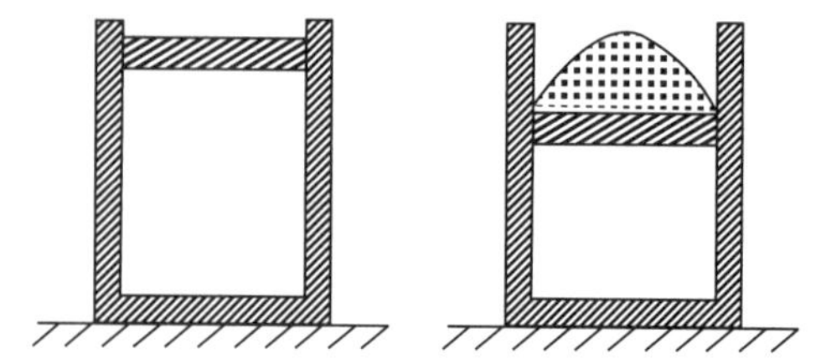

A.气体的内能不变

B.汽缸内分子平均动能增大

C.汽缸内气体分子密度增大

D.气体从外界吸收热量

三、非选择题

12.如图所示，一定质量的某种理想气体由状态A变为状态B，A、B两状态的相关参量数据已标于压强-体积图像上。求：

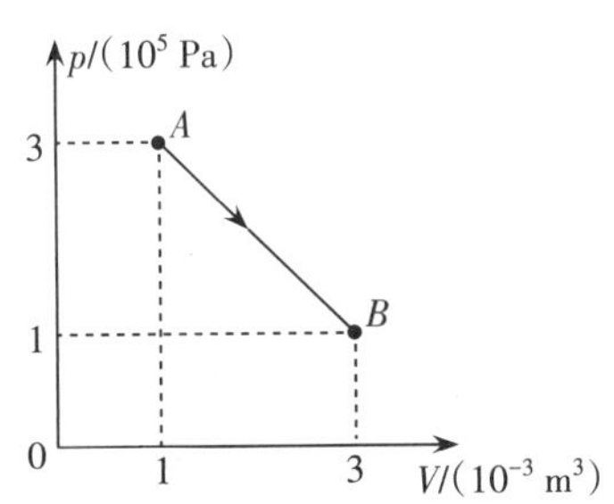

(1)该气体由$A \to B$过程中对外做功多少；

(2)$A \to B$过程中气体内能增加了多少；

(3)$A \to B$过程中，气体与外界交换了多少热量，是吸收还是放出热量。

13.如图所示p-V图中，一定质量的理想气体由状态A经过ACB过程至状态B，气体对外做功280 J，吸收热量410 J；气体又从状态B经BDA过程回到状态A，这一过程中外界对气体做功200 J。

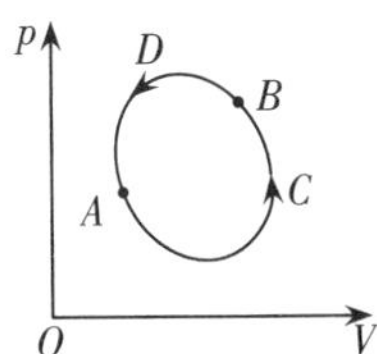

(1)ACB过程中气体的内能是增加还是减少？变化量是多少？

(2)BDA过程中气体是吸热还是放热？吸收或放出的热量是多少？

14.带有活塞的汽缸内封闭一定量的理想气体,其状态变化如图所示。气体开始处于状态A,由状态A到达状态B,其内能减小了E,后又经状态B到达状态C。设气体在状态A时的压强、体积和温度分别为p_A、V_A和T_A。在状态B时的体积为V_B,状态C时的温度为T_C,已知一定量的理想气体的内能U与热力学温度T之间满足$U=kT$,$k>0$。

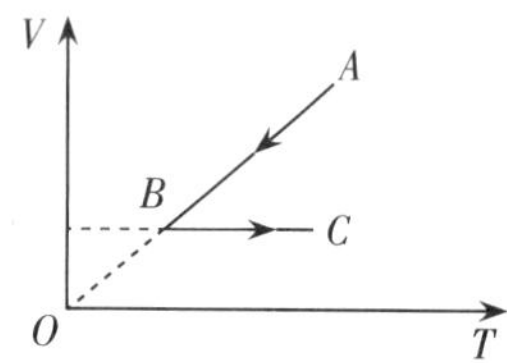

(1)求气体在状态B时的温度。

(2)通过计算说明:$A\rightarrow B$、$B\rightarrow C$过程中,气体是吸收还是放出热量?热量为多少?

15.绝热汽缸A和导热汽缸B固定在水平地面上,由刚性杆连接的两个等大活塞封闭着两部分体积均为V的理想气体,此时气体的压强与外界大气压强p_0相同、气体的温度与环境温度T_0也相同。已知理想气体的内能U与温度T的关系为$U=\alpha T$,α为常量且$\alpha>0$,现给汽缸A的电热丝通电,当电热丝放出的热量为Q_1时,汽缸B的气体体积减为原来的三分之一。加热过程是缓慢的,忽略活塞与汽缸的摩擦,汽缸足够大。求:

(1)此时汽缸A内气体的压强;

(2)汽缸B在该过程中放出的热量Q_2。

第四章 原子结构和波粒二象性

课时作业1 普朗克黑体辐射理论

基础训练

1.对黑体辐射电磁波的波长分布有影响的因素是(　　)

A.温度　　B.材料

C.表面状况　　D.以上都正确

2.(多选)下列关于黑体辐射的实验规律叙述正确的是(　　)

A.随着温度的升高,各种波长的辐射强度都有所增加

B.随着温度的升高,辐射强度的极大值向波长较短的方向移动

C.黑体热辐射的强度与波长无关

D.黑体辐射无任何规律

3.对于带电微粒的辐射和吸收能量时的特点,以下说法正确的是(　　)

A.以某一个最小能量值的整数倍一份一份地辐射或吸收

B.辐射和吸收的能量可以不是某一最小值的整数倍

C.吸收的能量可以是连续的

D.辐射和吸收的能量都可以是连续的

4.下列描绘两种温度下黑体辐射强度与波长关系的图中,符合黑体辐射规律的是(　　)

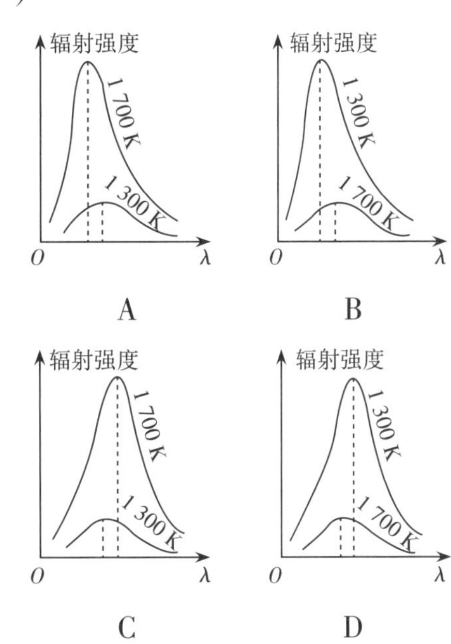

5.硅光电池是利用光电效应将光辐射的能量转化为电能。若有N个波长为λ_0的光子打在光电池极板上,这些光子的总能量为(h为普朗克常量)(　　)

A.$h\frac{c}{\lambda_0}$　　B.$Nh\frac{c}{\lambda_0}$

C.$Nh\lambda_0$　　D.$2Nh\lambda_0$

6."测温枪"(学名"红外线辐射测温仪")具有响应快、非接触和操作方便等优点。它是根据黑体辐射规律设计出来的,能将接收到的人体热辐射转换成温度显示。若人体温度升高,则人体热辐射强度I及其极大值对应的波长λ的变化情况是(　　)

A.I增大,λ增大　　B.I增大,λ减小

C.I减小,λ增大　　D.I减小,λ减小

7.近年来,无线光通信技术(不需光纤,利用红外线在空间的定向传播来传递信息的通信手段)在局域网、移动通信等多方面显示出巨大的应用前景。关于红外线和光通信,以下说法中正确的是(　　)

①光通信就是将文字、数据、图像等信息转换成光信号从一地传向另一地的过程　②光纤通信中的光信号在光纤中传输,无线光通信的光信号在空气中传输　③红外线的频率比可见光的频率高　④红外光子的能量比可见光子的能量大

A.①②　　B.③④

C.①③　　D.②④

能力提升

8.在自然界生态系统中,蛇与老鼠等生物通过营养关系构成食物链,在维持生态平衡方面发挥着重要作用,蛇是老鼠的天敌,它通过接收热辐射来发现老鼠的存在。假设老鼠的体温约为37 ℃,它发出的最强的热辐射的波长为λ_{max},根据热辐射的理论,λ_{max}与辐射源的绝对温度T($T=t+273$ K)的关系近似为$\lambda_{max}T=2.90\times10^{-3}$ m·K。则老鼠发出的最强的热辐射的波长为(　　)

A.7.8×10^{-5} m　　B.9.4×10^{-6} m

C.1.16×10^{-4} m　　D.9.7×10^{-8} m

9.某广播电台的发射功率为10 kW,发射的是在空气中波长为187.5 m的电磁波。(普朗克常量$h=6.63\times10^{-34}$ J·s,光速$c=3\times10^{8}$ m/s)

(1)该电台每秒从天线发射多少个能量子?

(2)若发射的能量子在以天线为球心的同一球面上的分布视为均匀的,求在离天线2.5 km处,直径为2 m的球状天线每秒接收的能量子个数以及接收功率。

课时作业2 光电效应

基础训练

1.(多选)如图所示,用弧光灯照射锌板,验电器指针张开一个角度,则下列说法中正确的是( )

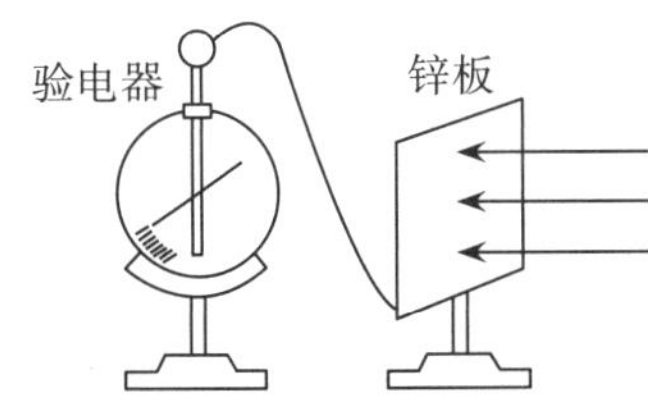

A.用紫外线照射锌板,验电器指针会发生偏转

B.用红光线照射锌板,验电器指针一定会发生偏转

C.锌板带的是负电荷

D.使验电器指针发生偏转的是正电荷

2.光电效应中,从同一金属逸出的电子动能的最大值( )

A.只跟入射光的频率有关

B.只跟入射光的强度有关

C.跟入射光的频率和强度有关

D.除跟入射光的频率和强度有关外,还和光照的时间有关

3.(多选)某金属的逸出功为2.3 eV,这意味着( )

A.这种金属内部的电子克服原子核引力做2.3 eV的功即可脱离表面

B.这种金属表层的电子克服原子核引力做2.3 eV的功即可脱离表面

C.要使这种金属有电子逸出,入射光子的能量必须大于2.3 eV

D.这种金属受到光照时若有电子逸出,则电子离开金属表面时的动能至少等于2.3 eV

4.用波长为2.0×10^{-7} m的紫外线照射钨的表面,释放出来的光电子中最大的动能是4.7×10^{-19} J。由此可知,钨的极限频率是(普朗克常量$h=6.63\times10^{-34}$ J·s,光速$c=3.0\times10^{8}$ m/s,结果取两位有效数字)( )

A.5.5×10^{14} Hz　　B.7.9×10^{14} Hz

C.9.8×10^{14} Hz　　D.1.2×10^{15} Hz

5.紫外线光电管是利用光电效应对油库等重要场所进行火灾报警的装置,其工作电路如图所示,其中A为阳极,K为阴极,只有当明火中的紫外线照射到K极时,c、d端才会有电压信号输出。已知明火中的紫外线波长主要 在200~280 nm之间,下列说法正确的是( )

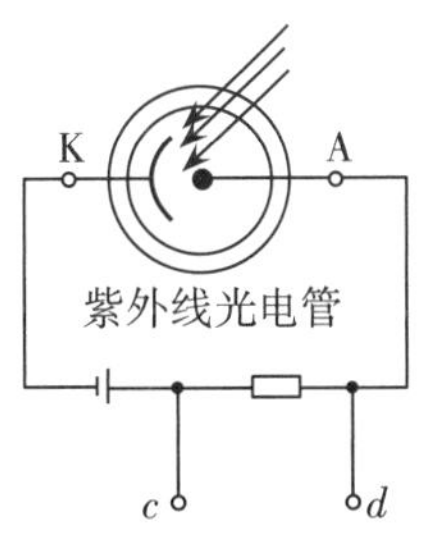

A.要实现有效报警,照射光电管的紫外线波长应大于280 nm

B.当明火照射光电管的时间很短时,c、d端可能没有电压输出

C.只要可见光照射光电管的时间足够长,c、d端就会有电压输出

D.火灾报警时,照射光电管的紫外线波长越短,逸出光电子的最大初动能越大

6.用红光照射光电管阴极发生光电效应时,光电子最大初动能为E_k,饱和光电流为I,若改用强度相同的紫光照射同一光电管,产生的光电子最大初动能和饱和电流分别为E_k'和I',则下面说法正确的是(　　)

A.$E_k'<E_k,I'>I$　　B.$E_k'>E_k,I'>I$

C.$E_k'<E_k,I'=I$　　D.$E_k'>E_k,I'<I$

7.研究光电效应的电路如图所示。用频率相同、强度不同的光分别照射密封真空管的钠极板(阴极K),钠极板发射出的光电子被阳极A吸收,在电路中形成光电流。下列光电流I与A、K之间的电压U_{AK}的关系图像中,正确的是(　　)

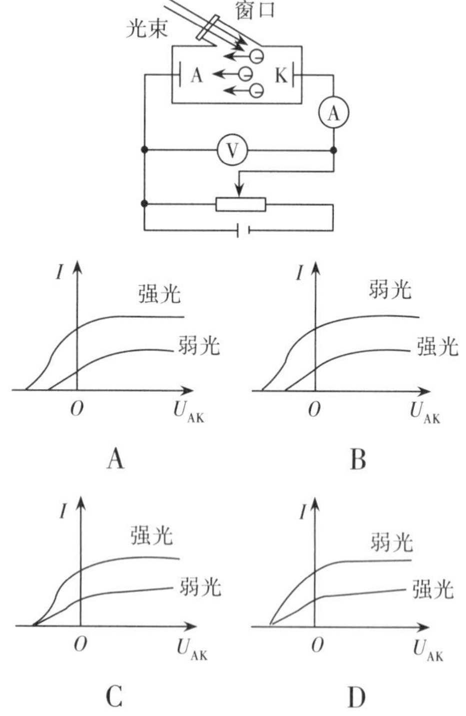

能力提升

8.一含有光电管的电路如图甲所示,图乙是用光线a、光线b和光线c照射同一光电管得到的$I-U$图,U_{c1}、U_{c2}表示遏止电压。关于光线a、b、c的波长关系,下列判断正确的是(　　)

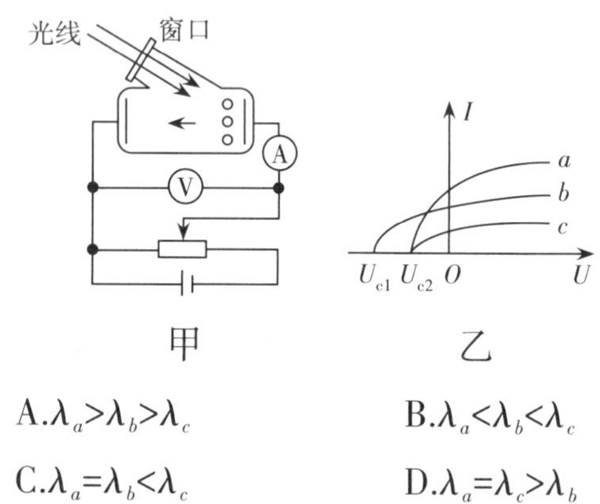

A.$\lambda_a>\lambda_b>\lambda_c$　　B.$\lambda_a<\lambda_b<\lambda_c$

C.$\lambda_a=\lambda_b<\lambda_c$　　D.$\lambda_a=\lambda_c>\lambda_b$

9.如图所示为研究光电效应现象的实验原理图。已知光电管阴极材料的截止频率为ν_0,现用频率为$\nu(\nu>\nu_0)$的单色光照射光电管,发现滑动变阻器的滑片P处于图示位置时,灵敏电流计的示数为零,下列说法正确的是(　　)

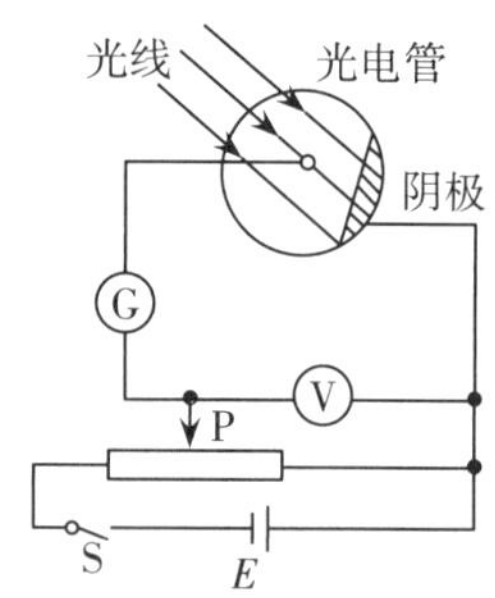

A.灵敏电流计的示数为零,是因为没有发生光电效应

B.若不断向左移动滑片P,则灵敏电流计一定会有示数

C.若不断向右移动滑片P,则灵敏电流计一定会有示数

D.仅不断增大入射光的光照强度，灵敏电流计一定会有示数

10.如图所示，一光电管的阴极用极限波长λ_0=5 000 Å的钠制成，光电管阳极A和阴极K之间的电势差U=2.1 V，用波长λ=3 000 Å的紫外线照射阴极，饱和光电流的值I_m=0.56 μA（当阴极K发射的电子全部到达阳极A时，电路中的电流达到最大值，称为饱和光电流）。（1 Å=10^{-10} m）求：

（1）每秒内由K极发射的光电子数目；

（2）电子到达A极时的最大动能；

（3）如果电势差U不变，而照射光的强度增大到原值的3倍，此时电子到达A极的最大动能。（普朗克常量h=6.63×10^{-34} J·s）

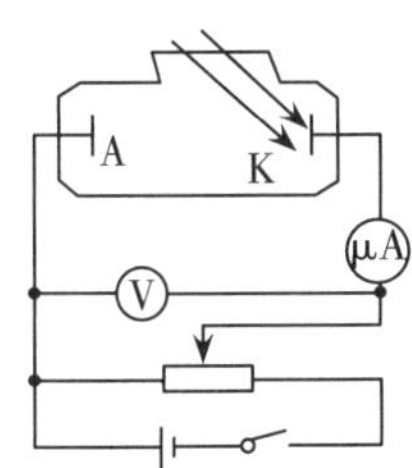

课时作业3　原子的核式结构模型

基础训练

1.关于阴极射线,下列说法正确的是(　　)

A.阴极射线就是稀薄气体导电时的辉光放电现象

B.阴极射线是在真空管内由正极放出的电子流

C.阴极射线是在真空管内由负极放出的电子流

D.阴极射线的比荷比氢原子的比荷小

2.下列是某实验小组测得的一组电荷量,哪项是符合事实的(　　)

A.$+3\times10^{-19}$ C　　B.$+4.6\times10^{-19}$ C

C.-3.2×10^{-26} C　　D.-4.8×10^{-19} C

3.卢瑟福提出了原子的核式结构模型,这一模型建立的基础是(　　)

A.α粒子的散射实验

B.对阴极射线的研究

C.天然放射现象的发现

D.质子的发现

4.卢瑟福利用α粒子轰击金箔的实验研究原子结构,正确反映实验结果的示意图是(　　)

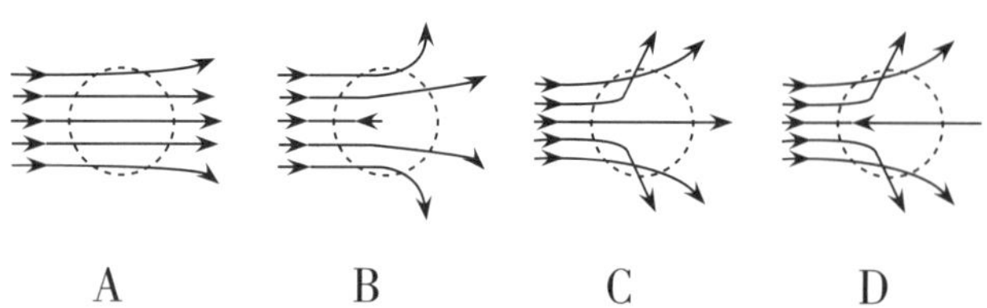

5.(多选)下列说法中正确的是(　　)

A.原子是可以再分的,是由更小的微粒组成的

B.通常情况下,气体是导电的

C.在强电场中气体能够被电离而导电

D.平时我们在空气中看到的放电火花,就是气体电离导电的结果

6.根据α粒子散射实验,卢瑟福提出了原子的核式结构模型,图中虚线表示原子核所形成的电场的等势线,实线表示一个α粒子的运动轨迹。在α粒子从A运动到B、再运动到C的过程中,下列说法中正确的是(　　)

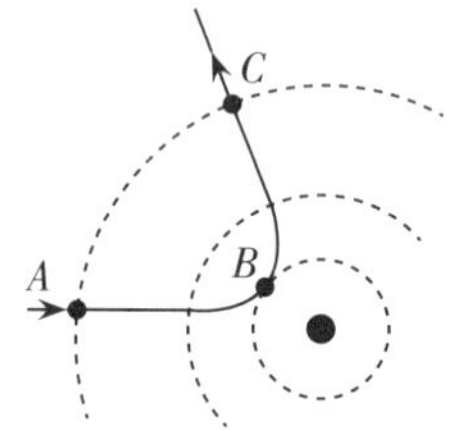

A.动能先增大,后减小

B.电势能先减小,后增大

C.电场力先做负功,后做正功,总功等于0

D.加速度先变小,后变大

7.α粒子的质量大约是电子质量的7 300倍,如果α粒子以速度v跟电子发生弹性正碰(假设电子原来是静止的),则碰撞后α粒子的速度变化了多少?

能力提升

8.(多选)关于α粒子散射实验,下列说法正确的是(　　)

A.α粒子穿过原子时,由于α粒子的质量比电子大得多,电子不可能使α粒子的运动方向发生明显的改变

B.由于绝大多数α粒子穿过金箔后仍按原来方向前进,所以使α粒子发生大角度偏转的原因是在原子中极小的区域内集中着对α粒子产生库仑力的正电荷

C.α粒子穿过原子时,只有少数粒子发生大角度偏转的原因是原子核很小,α粒子接近原子核的机会很小

D.使α粒子发生大角度偏转的原因是α粒子穿过原子时,原子内部两侧的正电荷对α粒子的斥力不相等

9.如图所示是电子射线管示意图,接通电源后,电子射线由阴极沿x轴方向射出,在荧光屏上会看到一条亮线。要使荧光屏上的亮线向下(z轴负方向)偏转,在下列措施中可采用的是(　　)

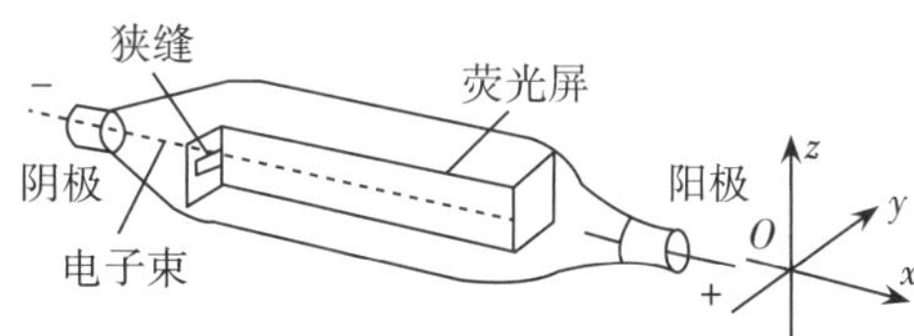

A.加一磁场,磁场方向沿z轴负方向

B.加一磁场,磁场方向沿y轴正方向

C.加一电场,电场方向沿z轴负方向

D.加一电场,电场方向沿y轴正方向

10.如图所示为示波管中电子枪的原理示意图,示波管内抽成真空,A为发射电子的阴极,K为接在高电势点的加速电极,A、K之间电压为U,电子离开阴极时的速度可以忽略,电子经加速后从K的小孔中射出的速度大小为v,下列说法正确的是(　　)

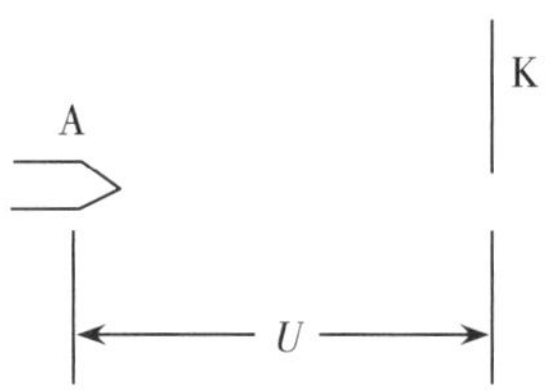

A.如果A、K间距离减半而电压仍为U,则电子离开K时的速度为$\frac{\sqrt{2}}{2}v$

B.如果A、K间距离减半而电压仍为U,则电子离开K时的速度变为$\frac{v}{2}$

C.如果A、K间距离不变而电压减半,则电子离开K时的速度变为$\frac{\sqrt{2}}{2}v$

D.如果A、K间距离不变而电压减半,则电子离开K时的速度变为$\frac{v}{2}$

11.美国科学家密立根通过油滴实验首次测得电子电荷量。油滴实验的原理如图所示,两块水平放置的平行金属板与电源相连,上下板分别带正、负电荷。油滴喷出后,由于摩擦而带电,经上板中央小孔落到两板间的匀强电场中,通过显微镜可以观察到它运动的情况。两金属板间的距离为d,忽略空气对油滴的浮力和阻力。

(1)调节两金属板间的电势差U,当$U=U_0$时,使得某个质量为m_1的油滴恰好做匀速运动,求该油滴所带的电荷量;

(2)若油滴进入电场时的初速度可以忽略，当两金属板间的电势差$U=U_1$时，观察到某个质量为m_2的油滴进入电场后做匀加速运动，经过时间t运动到下极板，求此油滴所带的电荷量。

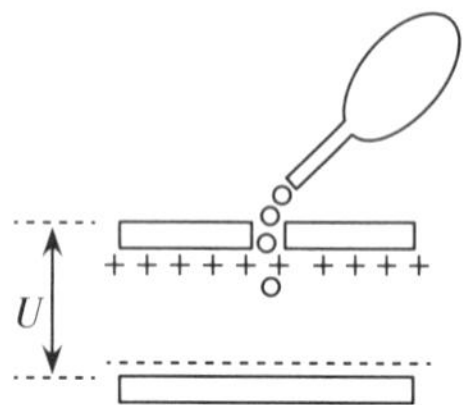

12. 汤姆孙1897年用阴极射线管测量了电子的比荷(电子电荷量与质量之比)，其实验原理如图所示，电子流平行于极板射入，极板P、P′间同时存在匀强电场E和垂直纸面向里的匀强磁场B时，电子流不发生偏转；极板间只存在垂直纸面向里的匀强磁场B时，电子流穿出平行板电容器时的偏向角$\theta=\frac{1}{15}$ rad。已知极板长$L=3.0\times10^{-2}$ m，电场强度大小为$E=1.5\times10^{4}$ V/m，磁感应强度大小为$B=5.0\times10^{-4}$ T。求电子比荷。

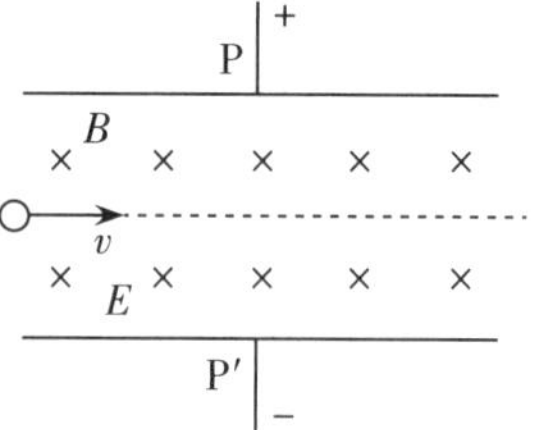

课时作业4　氢原子光谱和玻尔的原子模型

基础训练

1. 氢是自然界中最简单的元素,下列关于氢原子光谱的说法正确的是(　　)

A. 氢原子光谱是连续谱

B. 氢原子光谱是氢原子的特征谱线

C. 经典物理学可以解释氢原子光谱

D. 不同化合物中的氢的光谱不同

2.(多选)关于太阳光谱,下列说法正确的是(　　)

A. 太阳光谱是吸收光谱

B. 太阳光谱中的暗线,是太阳光经过太阳大气层时某些特定频率的光被吸收后而产生的

C. 根据太阳光谱中的暗线,可以分析太阳的物质组成

D. 根据太阳光谱中的暗线,可以分析地球大气层中含有哪些元素

3.(多选)关于巴耳末公式$\frac{1}{\lambda}=R_{\infty}(\frac{1}{2^2}-\frac{1}{n^2})$的理解,正确的是(　　)

A. 此公式是巴耳末在研究氢原子光谱特征时发现的

B. 公式中n可取任意值,故氢原子光谱是连续谱

C. 公式中n只能取不小于3的整数值,故氢原子光谱是线状谱

D. 公式不但适用于氢原子光谱的分析,也适用于其他原子的光谱

4.(多选)根据玻尔理论,以下说法正确的是(　　)

A. 电子绕核运动有加速度,就要向外辐射电磁波

B. 处于定态的原子,其电子做变速运动,但它并不向外辐射能量

C. 原子内电子的可能轨道是不连续的

D. 原子能级跃迁时,辐射或吸收光子的能量取决于两个轨道的能量差

5. 氢原子的核外电子从距核较近的轨道跃迁到距核较远的轨道过程中(　　)

A. 原子要吸收光子,电子的动能增大,原子的电势能增大,原子的能量增大

B. 原子要放出光子,电子的动能减小,原子的电势能减小,原子的能量也减小

C. 原子要吸收光子,电子的动能增大,原子的电势能减小,原子的能量增大

D. 原子要吸收光子,电子的动能减小,原子的电势能增大,原子的能量增大

6.(多选)设氢原子由n=3的状态向n=2的状态跃迁时放出能量为E、频率为ν的光子。则氢原子(　　)

A. 跃迁时可以放出或吸收能量为任意值的光子

B. 由n=2的状态向n=1的状态跃迁时放出光子的能量大于E

C. 由n=2的状态向n=3的状态跃迁时吸收光子的能量等于E

D. 由 $n=4$ 的状态向 $n=3$ 的状态跃迁时放出光子的频率大于 ν

7. 一种利用红外线感应控制的紫外线灯，人在时自动切断紫外线灯电源，人离开时自动开启紫外线灯杀菌消毒。已知红外线的光子最高能量是1.61 eV，紫外线的光子最低能量是3.11 eV，如图是氢原子能级示意图，则大量氢原子（　　）

n	E/eV
∞	0
4	−0.85
3	−1.51
2	−3.40
1	−13.6

A. 从 $n=2$ 跃迁到低能级过程只可能辐射出红外线

B. 从 $n=3$ 跃迁到低能级过程不可能辐射出红外线

C. 从 $n=4$ 跃迁到低能级过程只可能辐射出紫外线

D. 从 $n=5$ 跃迁到低能级过程不可能辐射出紫外线

8. 如图所示为氢原子能级图。大量处于 $n=4$ 能级的氢原子向低能级跃迁时发出不同频率的光。用这些光照射金属钙。已知金属钙的逸出功为3.20 eV。能够从金属钙的表面照射出光电子的光共有（　　）

n	E/eV
∞	0
4	−0.85
3	−1.51
2	−3.40
1	−13.6

A. 2种　　B. 3种

C. 4种　　D. 5种

9. 根据玻尔理论，下列关于氢原子的论述正确的是（　　）

A. 若氢原子由能量为 E_n 的定态向低能级跃迁，则氢原子要辐射的光子能量为 $h\nu=E_n$

B. 电子沿某一轨道绕核运动，若圆周运动的频率为 ν，则其发光的频率也是 ν

C. 一个氢原子中的电子从一个半径为 r_a 的轨道自发地直接跃迁到另一半径为 r_b 的轨道，已知 $r_a>r_b$，则此过程原子要辐射某一频率的光子

D. 氢原子吸收光子后，将从高能级向低能级跃迁

10. 如图所示为氢原子的能级图，图中 a、b、c、d 对应氢原子的四次跃迁，已知可见光光子的能量范围为1.61 ~ 3.10 eV，关于四次跃迁，下列说法正确的是（　　）

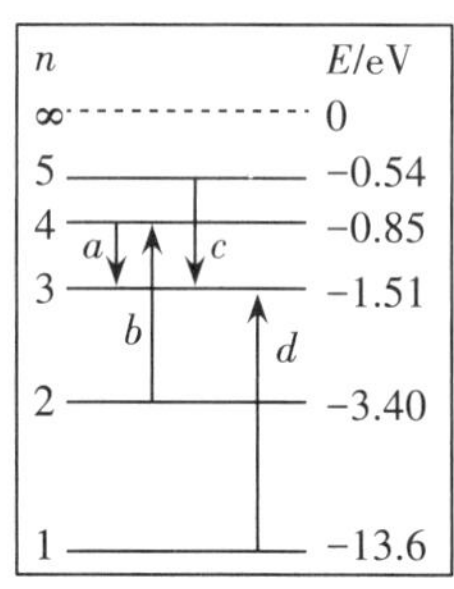

A. 经历 a 跃迁，氢原子吸收的光子能量为0.66 eV

B. 经历 b 跃迁，氢原子的轨道半径增大，原子核外电子的动能增大

C. 经历 c 跃迁，氢原子放出的光子是可见光光子

D. 经历 d 跃迁后，再用可见光照射跃迁后的氢原子，可使氢原子发生电离

11. μ子与氢原子核（质子）构成的原子称为μ氢原子，它在原子核物理的研究中有

重要作用。如图为μ氢原子的能级示意图，假定光子能量为E的一束光照射容器中大量处于$n=2$能级的μ氢原子，μ氢原子吸收光子后，发出频率为ν_1、ν_2、ν_3、ν_4、ν_5和ν_6的光子，且频率依次增大，则E等于(　　)

n	E/eV
∞	0
5	−101.2
4	−158.1
3	−281.1
2	−632.4
1	−2 529.6

A.$h(\nu_3-\nu_1)$　　B.$h(\nu_3+\nu_1)$

C.$h\nu_3$　　D.$h\nu_4$

能力提升

12.(多选)氢原子能级如图所示，当氢原子从$n=3$跃迁到$n=2$的能级时，辐射光的波长为656 nm。以下判断正确的是(　　)

n	E/eV
∞	0
4	−0.85
3	−1.51
2	−3.40
1	−13.6

A.氢原子从$n=2$跃迁到$n=1$的能级时，辐射光的波长大于656 nm

B.用波长为325 nm的光照射，可使氢原子从$n=1$跃迁到$n=2$的能级

C.一群处于$n=3$能级上的氢原子向低能级跃迁时最多产生3种谱线

D.用波长为633 nm的光照射，不能使氢原子从$n=2$跃迁到$n=3$的能级

13.原子从一个能级跃迁到一个较低的能级时，有可能不发射光子，例如在某种条件下，铬原子从$n=2$能级上的电子跃迁到$n=1$能级上时并不发射光子，而是将相应的能量转交给$n=4$能级上的电子，使之能脱离原子，这一现象叫作俄歇效应，以这种方式脱离原子的电子叫作俄歇电子。已知铬原子的能级公式可简化为$E_n=-\frac{A}{n^2}$，式中$n=1,2,3,\cdots$表示不同的能级，A是正的已知常数。上述俄歇电子的动能是(　　)

A.$\frac{3}{16}A$　　B.$\frac{7}{16}A$

C.$\frac{11}{16}A$　　D.$\frac{13}{16}A$

课时作业5 粒子的波动性和量子力学的建立

1.关于德布罗意波,下列说法正确的是( )

A.所有物体不论其是否运动,都有对应的德布罗意波

B.任何一个运动着的物体都有一种波和它对应,这就是德布罗意波

C.运动着的电场、磁场没有相对应的德布罗意波

D.只有运动着的微观粒子才有德布罗意波,对于宏观物体,不论其是否运动,都没有相对应的德布罗意波

2.2021年10月5日,诺贝尔物理学奖颁给了分别来自美国、德国、意大利的三位科学家,其中意大利科学家乔治·帕里西因发现了“从原子到行星尺度的物理系统中无序和波动的相互作用”而获奖。下列有关近代物理的说法正确的是( )

A.光电效应说明光具有波动性

B.普朗克为了解释黑体辐射现象,第一次提出了能量量子化理论

C.光波是一种概率波。光的波动性是由光子之间的相互作用引起的,这是光子自身的固有性质

D.只有运动着的微观粒子才有物质波,对于宏观物体,不论其是否运动,都没有相对应的物质波

3.有关光的波粒二象性、物质波,下列说法正确的( )

A.康普顿效应揭示了光具有波动性

B.个别光子只有粒子性,多数光子的作用效果才表现为波动性

C.动能相等的电子和质子,电子的动量小,电子的物质波波长小

D.光电效应揭示了光具有粒子性,光的波长越短,其粒子性越显著

4.(多选)下列说法中正确的是( )

A.相同动能的电子和质子,质子的德布罗意波波长较大

B.在光的双缝干涉实验中,暗条纹的地方是光子永远不能到达的地方

C.在光的双缝干涉实验中,大量光子打在光屏上的落点是有规律的,暗条纹处落下光子的概率小

D.低频电磁波的波动性显著,而高频电磁波的粒子性显著

5.(多选)利用金属晶格(大小约10^{-10} m)作为障碍物观察电子的衍射图样,方法是让电子通过电场加速后,电子束照射到金属晶格上,从而得到电子的衍射图样。已知电子质量为m,电荷量为e,初速度为0,加速电压为U,普朗克常量为h,则下列说法中正确的是( )

A.该实验说明了电子具有波动性

B.实验中电子束的德布罗意波长为$\lambda=\frac{h}{\sqrt{2meU}}$

C. 加速电压 U 越小，电子的衍射现象越明显

D. 若用相同动能的质子替代电子，衍射现象将更加明显

6. 任何一个运动着的物体，小到电子、质子，大到行星、太阳，都有一种波与之对应，波长是 $\lambda=\frac{h}{p}$，式中 p 是运动物体的动量，h 是普朗克常量，人们把这种波叫作德布罗意波。现有一德布罗意波长为 λ_1 的物体 1 和一德布罗意波长为 λ_2 的物体 2，二者相向正碰后粘在一起，已知 $|p_1|<|p_2|$，则粘在一起的物体的德布罗意波长为____________。

7.（多选）下列物理现象中，能说明光具有粒子性的是（　　）

A. 光电效应　　B. 光的干涉

C. 光的偏振　　D. 康普顿效应

8. 蜻蜓质量约 1 g，其飞行速度可以达到 40 km/h。已知普朗克常量 $h=6.626\times10^{-34}$ J·s，计算快速飞行的蜻蜓的物质波波长，简述日常生活中没有察觉到物体波动性的原因。

能力提升

9. 德布罗意认为，任何一个运动着的物体，都有一种波与它对应，波长是 $\lambda=\frac{h}{p}$，式中 p 是运动物体的动量，h 是普朗克常量。已知某种紫光的波长是 440 nm，若将电子从静止加速，使它的德布罗意波长是这种紫光波长的 10^{-4} 倍。

（1）求电子的动量大小。

（2）试推导加速电压跟德布罗意波长的关系，并计算加速电压的大小。（电子的质量 $m=9.1\times10^{-31}$ kg，电子的电荷量 $e=1.6\times10^{-19}$ C，普朗克常量 $h=6.6\times10^{-34}$ J·s，加速电压的计算结果取一位有效数字）

10. 糖尿病引起视网膜病变是导致病人失明的一个重要原因,利用激光束进行治疗,90% 的患者都可以避免失明。一台功率为 10 W 的氩激光器能发出波长为 510 nm 的激光,用它"点焊"视网膜,每次"点焊"需要 2×10^{-3} J 的能量。求:(真空中的光速 $c=3\times10^{8}$ m/s,普朗克常量 $h=6.63\times10^{-34}$ J·s,计算结果保留 2 位有效数字)

(1)该激光的频率大小;

(2)单个激光光子的动量大小;

(3)每次"点焊"视网膜需要激光光子的数量。

专题 光电效应方程、图像及其应用

1. 分别用波长为λ和$\frac{3}{4}\lambda$的单色光照射同一金属，发出的光电子的最大初动能之比为1∶2，以h表示普朗克常量，c表示真空中的光速，则此金属板的逸出功为(　　)

A. $\frac{5hc}{3\lambda}$　　B. $\frac{2hc}{3\lambda}$

C. $\frac{5h\lambda}{3c}$　　D. $\frac{2h\lambda}{3c}$

2. 智能手机带有感光功能，可以自动调整屏幕亮度，其光线传感器的工作原理是光电效应。在光电效应中，当一定频率的光照射某种金属时，实验得到的遏止电压U_c与入射光的频率ν的关系如图所示，其横截距为a，纵截距为$-b$，元电荷电荷量为e。下列说法正确的是(　　)

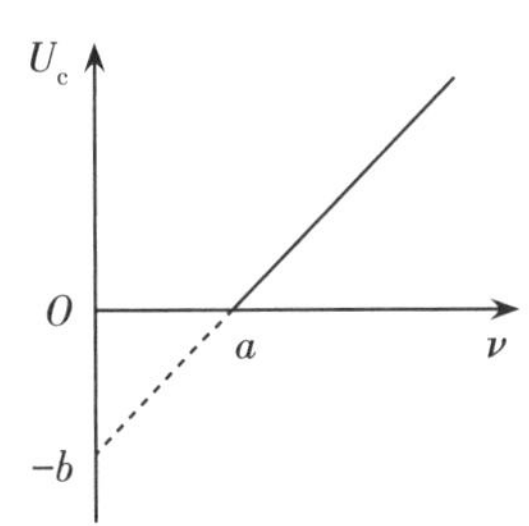

A. 遏止电压与入射光的频率成正比

B. 金属的截止频率为b

C. 金属的逸出功为eb

D. 普朗克常量$h=\frac{ea}{b}$

3. 新冠肺炎疫情防控工作中，体温枪在医院、车站、小区、学校等地方被广泛使用，成为重要的防疫装备之一。某一种体温枪的工作原理是：任何物体温度高于绝对零度(−273 ℃)时都会向外发出红外线，红外线照射到体温枪的温度传感器，发生光电效应，将光信号转化为电信号，从而显示出物体的温度。已知人的体温正常时能辐射波长为10 μm的红外线，如图甲所示，用该红外线照射光电管的阴极K时，电路中有光电流产生，光电流随电压变化的图像如图乙所示，已知$h=6.63\times10^{-34}$ J·s，$e=1.6\times10^{-19}$ C，则(　　)

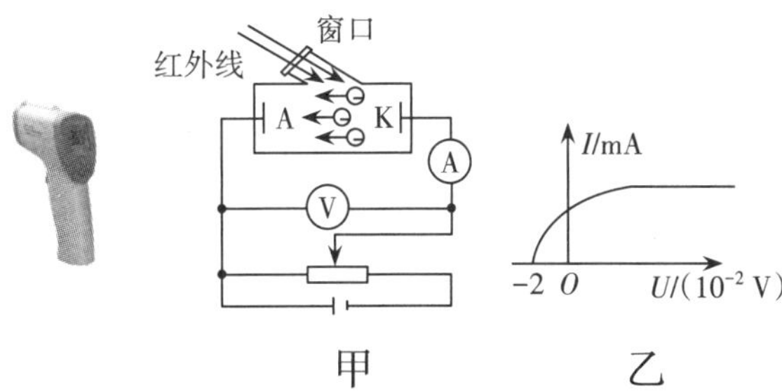

甲　　乙

A. 波长10 μm的红外线在真空中的频率为3×10^{16} Hz

B. 将图甲中的电源正负极反接，将一定不会产生电信号

C. 由图乙可知，该光电管的阴极金属逸出功约为0.1 eV

D. 若人体温度升高，辐射红外线的强度增大，电子逸出最大初动能增加

4. 如图所示为某金属在光的照射下，逸出的光电子的最大初动能E_k与入射光频率ν的关系图像，普朗克常量h为已知，由图像可知(　　)

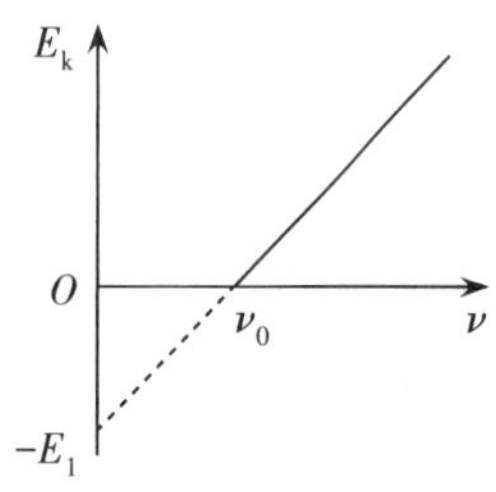

A. 该金属的逸出功等于$E_1-h\nu_0$

B. 普朗克常量$h=\dfrac{\nu_0}{E_1}$

C. 入射光的频率为$2\nu_0$时,逸出的光电子的最大初动能为$h\nu_0$

D. 当入射光的频率ν大于ν_0时,若ν增大一倍,则光电子的最大初动能也增大一倍

5. 如图所示是某次实验中得到的甲、乙两种金属的遏止电压U_c与入射光频率ν的关系图像,两金属的逸出功分别为$W_甲$、$W_乙$,如果用频率为ν_1的光照射两种金属,光电子的最大初动能分别为$E_甲$、$E_乙$,则下列关系正确的是(　　)

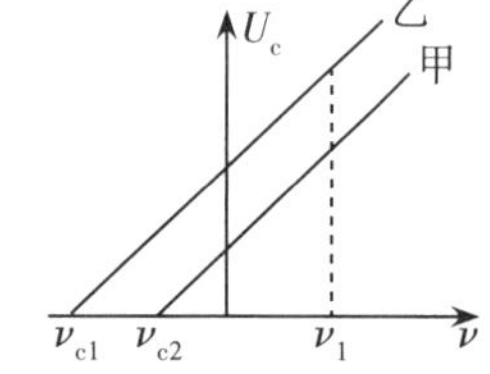

A. $W_甲>W_乙$　　B. $W_甲<W_乙$

C. $E_甲>E_乙$　　D. $E_甲=E_乙$

6. 从1907年起,美国物理学家密立根用如图所示的实验装置测量光电效应中几个重要的物理量。在这个实验中,若先后用频率为ν_1、ν_2的单色光照射阴极K均可产生光电流。调节滑片P,当电压表示数分别为U_1、U_2时,ν_1、ν_2的光电流恰减小到零。已知$U_1>U_2$,电子电荷量为e,下列说法正确的是(　　)

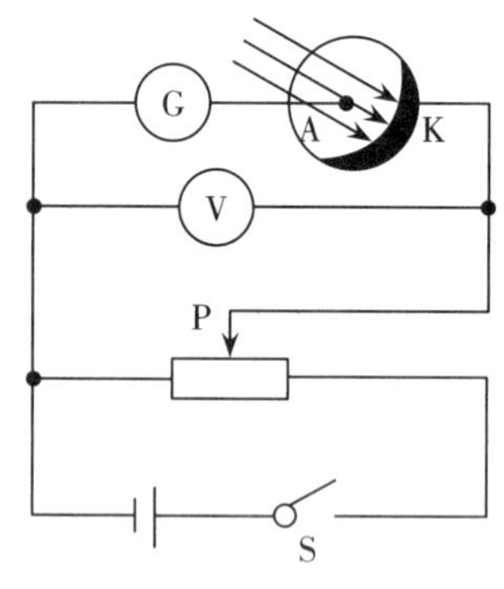

A. 两种单色光光子的频率$\nu_1<\nu_2$

B. 光电子的最大初动能$E_{k1}<E_{k2}$

C. 普朗克常量为$\dfrac{e\left(U_1-U_2\right)}{\nu_1-\nu_2}$

D. 逸出功为$\dfrac{e\left(\nu_1U_1-\nu_2U_2\right)}{\nu_1-\nu_2}$

能力提升

7. 如图所示是用光照射某种金属时逸出的光电子的最大初动能随入射光频率的变化图线(直线与横轴的交点坐标为4.27,与纵轴的交点坐标为0.5)。由图可知(　　)

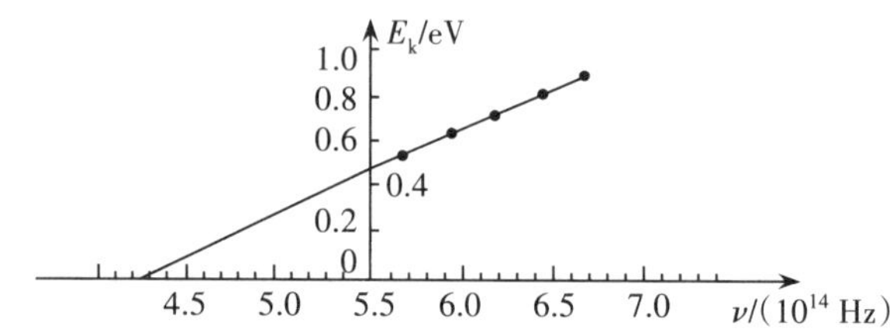

A. 该金属的截止频率为4.27×10^{14} Hz

B. 该金属的截止频率为5.5×10^{14} Hz

C. 该图线的斜率表示普朗克常量的倒数

D. 该金属的逸出功为0.5 eV

8.(多选)美国物理学家密立根利用图甲所示的电路研究金属的遏止电压U_c与入射光频率ν的关系,描绘出图乙中的图像,由此算出普朗克常量h,电子电荷量用e表示,下列说法正确的是(　　)

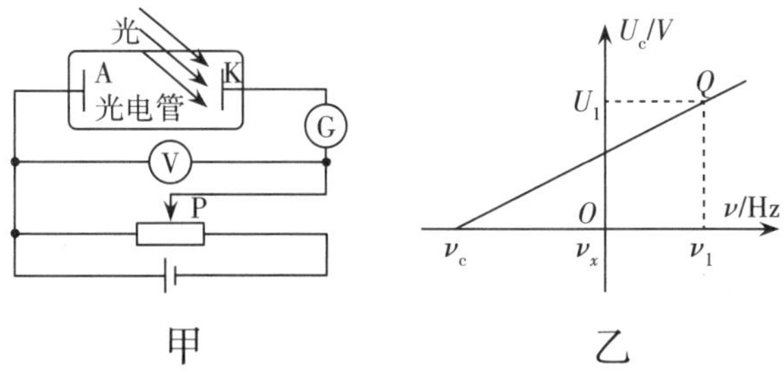

A.入射光的频率增大,为了测遏止电压,则滑动变阻器的滑片P应向左端移动

B.由$U_c-\nu$图像可知,这种金属的截止频率为ν_c

C.增大入射光的强度,光电子的最大初动能也增大

D.由$U_c-\nu$图像可求普朗克常量表达式为$h=\dfrac{U_1e}{\nu_1-\nu_c}$

9.一光电管的阴极K用截止频率为ν_0的金属制成并接入如图所示的电路中,当用频率为ν的单色光射向阴极K时,能产生光电流,移动滑动变阻器的滑片,当电压表示数为U时,电流表的示数达到饱和电流I。已知普朗克常量为h,电子质量为m,电子电荷量为e,真空中的光速为c。下列说法正确的是(　　)

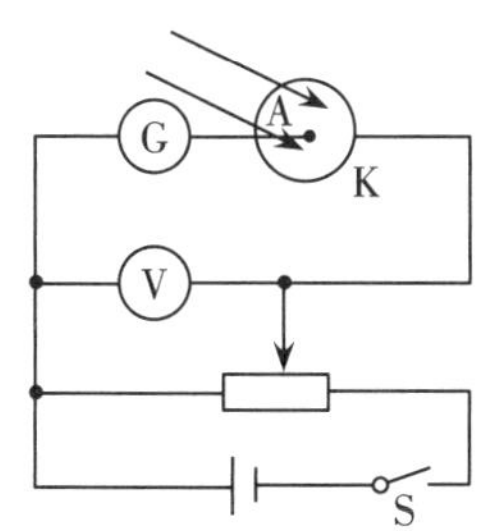

A.该单色光的光子能量为$h\nu_0$

B.在Δt时间内阴极K逸出的电子数是$\dfrac{I\Delta t}{e}$

C.阴极K金属的逸出功$W_0=h\nu-eU$

D.光电子到达阳极时的最大速率为$\dfrac{\sqrt{2\left(eU+h\nu-h\nu_0\right)}}{m}$

10.某实验小组的同学利用如下所示的实验研究光的波粒二象性。

(1)利用甲图所示的电路研究阴极K的遏止电压与照射光频率的关系。若实验测得钠(Na)的遏止电压U_c与照射光频率ν的关系图像如图乙所示,已知钠的极限频率为5.53×10^{14} Hz,钙的极限频率为7.73×10^{14} Hz,则下列说法中正确的是__________。

A.需将单刀双掷开关S置于a端

B.需将单刀双掷开关S置于b端

C.钙的遏止电压与照射光的频率的关系图线应该是①

D.钙的遏止电压与照射光的频率的关系图线应该是②

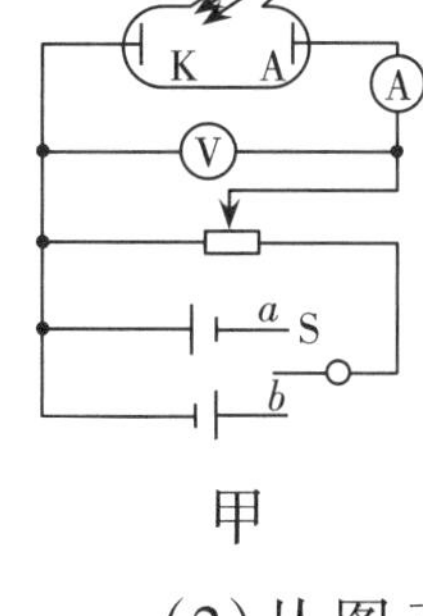

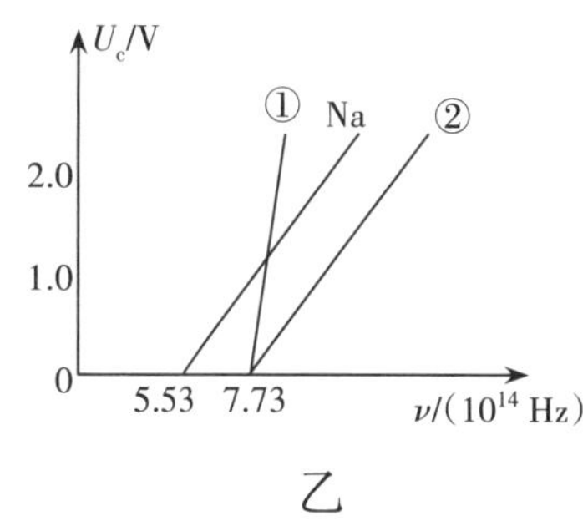

甲　　　　乙

(2)从图乙中可以看出两种金属中的________(填写“钠”或者“钙”)更容易发生光电效应。已知普朗克常量$h=6.63\times10^{-34}$ J·s,电子的电荷量$e=1.6\times10^{-19}$ C,那么该实验所用光电管的K极材料钙的逸出功为______eV(结果保留两位有效数字)。

章末测试题

一、单项选择题

1.要观察纳米级以下的微小结构,需要利用分辨率比光学显微镜更高的电子显微镜。有关电子显微镜的下列说法正确的是(　　)

A.它利用了电子物质波的波长比可见光短,因此不容易发生明显衍射

B.它利用了电子物质波的波长比可见光长,因此不容易发生明显衍射

C.它利用了电子物质波的波长比可见光短,因此更容易发生明显衍射

D.它利用了电子物质波的波长比可见光长,因此更容易发生明显衍射

2.图示为四种温度下黑体辐射的强度与波长的关系图像,从图像可以看出,随着温度的升高,下列说法错误的是(　　)

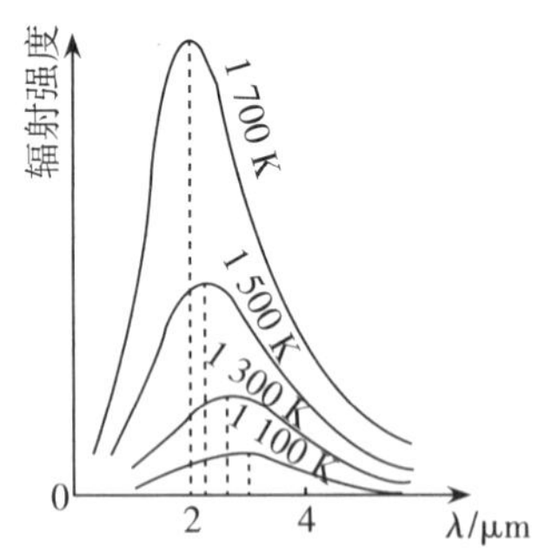

A.各种波长的辐射强度都有增加

B.只有波长短的辐射强度增加

C.辐射强度的极大值向波长较短的方向移动

D.辐射强度仍然是随波长的增大而先增大再减小

3.电子显微镜的最高分辨率高达0.2 nm,如果有人制造出质子显微镜,在加速到相同速度的情况下,质子显微镜的最高分辨率将(　　)

A.小于0.2 nm

B.大于0.2 nm

C.等于0.2 nm

D.以上说法均不正确

4.近年来,数码相机几乎家喻户晓,用来衡量数码相机性能的一个非常重要的指标就是像素,像素可理解为光子打在光屏上的一个亮点。现知1 300万像素的数码相机拍出的照片比300万像素的数码相机拍出的等大的照片清晰得多,其原因可以理解为(　　)

A.光是一种粒子,它和物质的作用是一份一份的

B.光的波动性是大量光子之间的相互作用引起的

C.大量光子表现出光具有粒子性

D.光具有波粒二象性,大量光子表现出光的波动性

5.用波长为λ_1和λ_2的单色光A和B分别照射两种金属C和D的表面。单色光A照射两种金属时都能产生光电效应现象;单色光B照射时,只能使金属C产生光电效应现象,不能使金属D产生光电效应现象。设两种金属的逸出功分别为W_C和W_D,则下列选项正确的是(　　)

A. $\lambda_1>\lambda_2, W_C>W_D$　　B. $\lambda_1>\lambda_2, W_C<W_D$

C. $\lambda_1<\lambda_2, W_C>W_D$　　D. $\lambda_1<\lambda_2, W_C<W_D$

6. 爱因斯坦因提出了光量子概念并成功地解释光电效应的规律而获得1921年诺贝尔物理学奖。某种金属逸出光电子的最大初动能E_k与入射光频率ν的关系如图所示，其中ν_c为截止频率。从图中可以确定的是(　　)

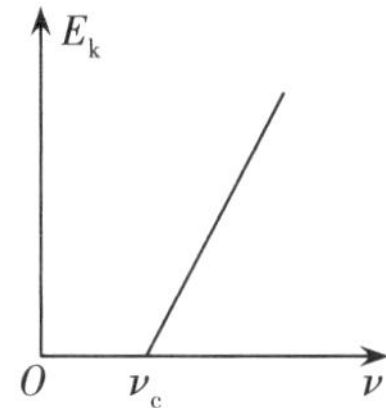

A. 逸出功与ν有关

B. E_k与入射光强度成正比

C. 当$\nu<\nu_c$时，会逸出光电子

D. 图中直线的斜率与普朗克常量有关

7. 红宝石激光器的工作物质红宝石是含有铬离子的三氧化二铝晶体，利用其中的铬离子产生激光。铬离子的能级图如图所示，E_1是基态，E_2是亚稳态，E_3是激发态，若以脉冲氙灯发出的波长为λ_1的绿光照射晶体，处于基态的铬离子受到激发而跃迁到E_3，然后自发地跃迁到E_2，释放波长为λ_2的光子，处于亚稳态E_2的离子跃迁到基态时辐射出的光就是激光，这种激光的波长为(　　)

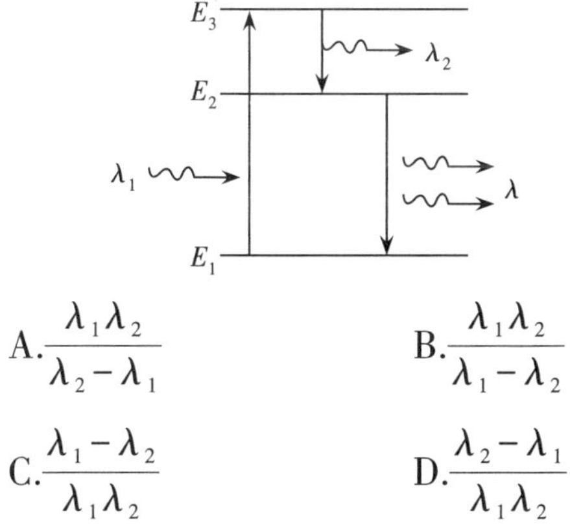

A. $\dfrac{\lambda_1\lambda_2}{\lambda_2-\lambda_1}$　　B. $\dfrac{\lambda_1\lambda_2}{\lambda_1-\lambda_2}$

C. $\dfrac{\lambda_1-\lambda_2}{\lambda_1\lambda_2}$　　D. $\dfrac{\lambda_2-\lambda_1}{\lambda_1\lambda_2}$

8. 以往我们认识的光电效应是单光子光电效应，即一个电子在极短时间内只能吸收到一个光子而从金属表面逸出。强激光的出现丰富了人们对于光电效应的认识，用强激光照射金属，由于其光子密度极大，一个电子在极短时间内吸收多个光子成为可能，从而形成多光子光电效应，这已被实验证实。光电效应实验装置示意如图。用频率为ν的普通光源照射阴极K，没有发生光电效应；换用同样频率的强激光照射阴极K，则发生了光电效应。此时，若加上反向电压U，即将阴极K接电源正极，阳极A接电源负极，在K、A之间就形成了使光电子减速的电场。逐渐增大U，光电流会逐渐减小；当光电流恰好减小到零时，所加反向电压U可能是(其中W为逸出功，h为普朗克常量，e为电子电荷量)(　　)

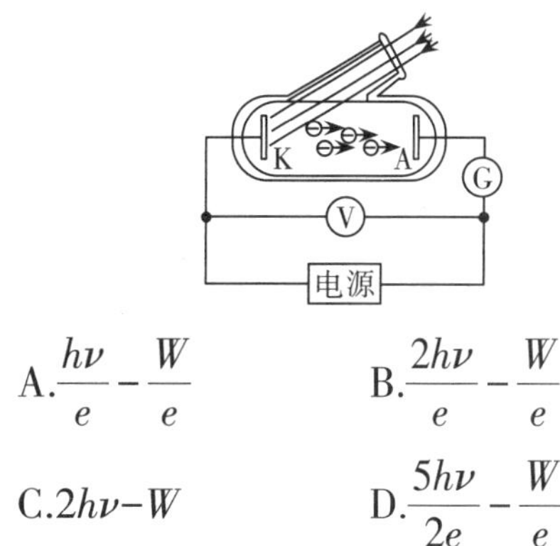

A. $\dfrac{h\nu}{e}-\dfrac{W}{e}$　　B. $\dfrac{2h\nu}{e}-\dfrac{W}{e}$

C. $2h\nu-W$　　D. $\dfrac{5h\nu}{2e}-\dfrac{W}{e}$

二、多项选择题

9. 关于波粒二象性的有关实验，下列说法正确的是(　　)

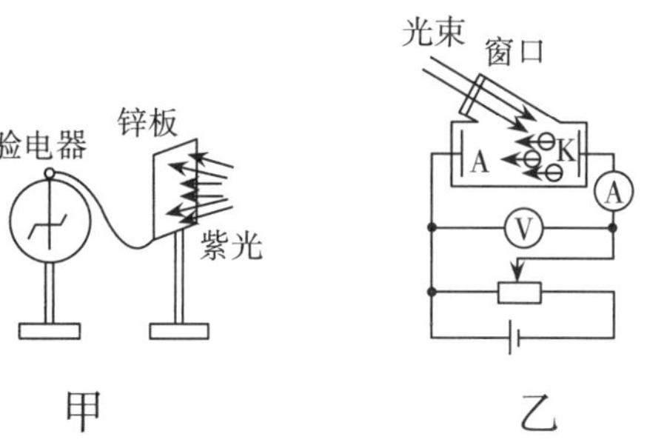

甲　　乙

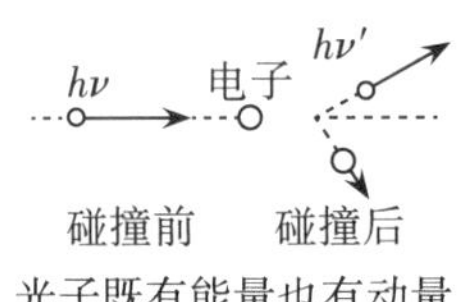

光子既有能量也有动量

丙

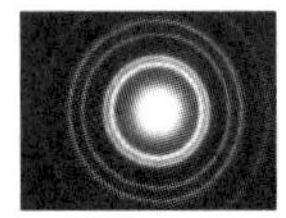
电子束穿过铝箔后的衍射图样

丁

A.图甲中紫光照射到锌板上可以发生光电效应,则其他可见光照射到锌板上不一定发生光电效应

B.图乙中入射光的强度越大,在阴极板上产生的光电子的最大初动能越大

C.图丙说明光子既有粒子性也有波动性

D.戴维森和汤姆孙利用图丁证明了电子具有波动性

10.有一束光束,当有烟雾进入探测器时,来自S的光会被烟雾散射进入光电管C,射到光电管中的钠表面(钠的极限频率为6.00×10^{14} Hz),产生光电子,当光电流大于1.00×10^{-8} A时,便会触发报警系统报警。下列说法正确的是(   )

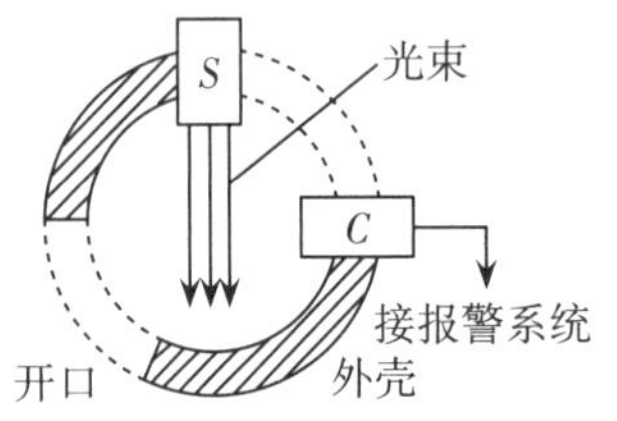

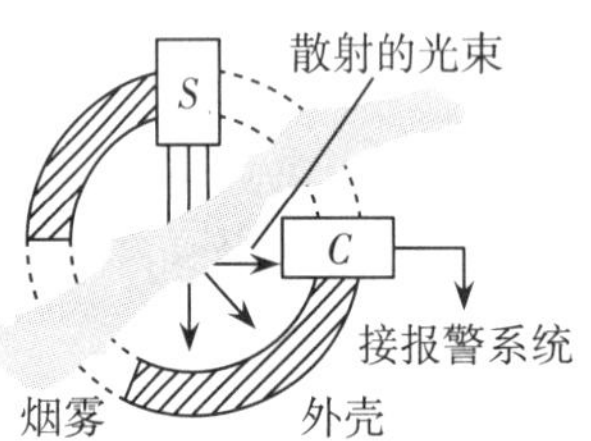

A.要使该探测器正常工作,光源S发出的光束波长不能小于0.5 μm

B.光源S发出的光能使光电管发生光电效应,那么光源越强,光电烟雾探测器灵敏度越高

C.光束遇到烟雾发生散射是一种折射现象

D.若5%射向光电管C的光子会使光电管产生光电子,当报警器报警时,每秒射向C中钠表面的光子的最少数目是1.25×10^{12}个

11.如图所示是汤姆孙的气体放电管的示意图,下列说法中正确的是(   )

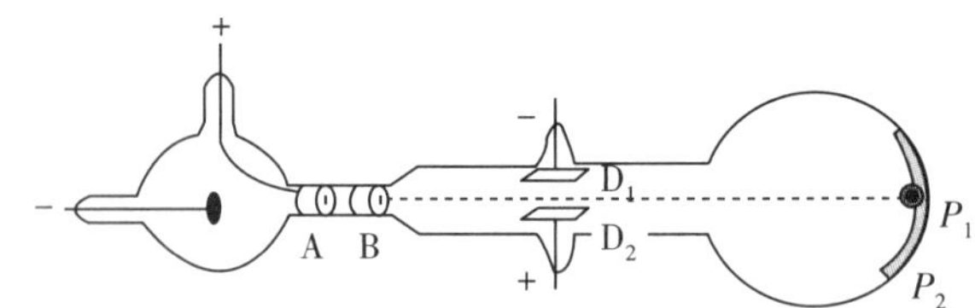

A.若在D_1、D_2之间不加电场和磁场,则阴极射线应打到最右端的P_1点

B.若在D_1、D_2之间加上竖直向下的电场,则阴极射线应向下偏转

C.若在D_1、D_2之间加上竖直向下的电场,则阴极射线应向上偏转

D.若在D_1、D_2之间加上垂直纸面向里的磁场,则阴极射线向上偏转

三、非选择题

12.根据玻尔原子结构理论,氦离子(He^+)的能级图如图所示,电子处在n=3轨道上比处在n=5轨道上离氦核的距离________(选填"近"或"远")。当大量He^+处在n=4的激发态时,由于跃迁所发射的谱线有__________条,从高轨道向低轨道跃迁过程中电子的动能________(选填"增大""减小"或"不变"),原子的电势能________(选填"增大""减小""不变"),总能量________(选填"增大"或"减小"或"不变")。

n	He^+	E/eV
∞		0
6		−1.51
5		−2.18
4		−3.40
3		−6.04
2		−13.6
1		−54.4

13.小明用金属铷为阴极的光电管观测光电效应现象,实验装置示意图如图甲所示。已知普朗克常量$h=6.63\times10^{-34}$ J·s。

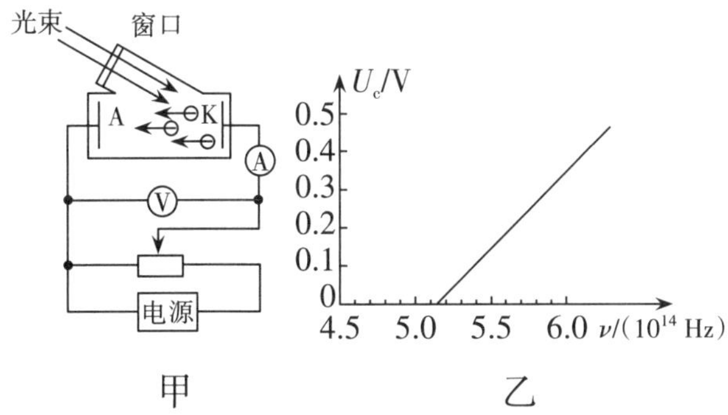

(1)图甲中电极A为光电管的__________(选填“阴极”或“阳极”)；

(2)实验中测得铷的遏止电压 U_c 与入射光频率 ν 之间的关系如图乙所示，则铷的极限频率 ν_c=________Hz，逸出功 W_0=________J；

(3)如果实验中入射光的频率 $\nu=7.00\times10^{14}$ Hz，则产生的光电子的最大初动能 E_k=________J。

14.(11分)功率为40 W的白炽灯，有5%的能量转化为可见光。设所发射的可见光的平均波长为580 nm，那么该白炽灯每秒钟辐射的光子数为多少？(普朗克常量 $h=6.63\times10^{-34}$ J·s，光速 $c=3\times10^8$ m/s)

15.(16分)将氢原子电离，就是从外部给电子提供能量，使其从基态或激发态脱离原子核的束缚而成为自由电子。电子电荷量 $e=1.6\times10^{-19}$ C，电子质量 $m=9.1\times10^{-31}$ kg，普朗克常量 $h=6.63\times10^{-34}$ J·s，光速 $c=3\times10^8$ m/s。(其中，$E_1=-13.6$ eV，$E_n=\frac{E_1}{n^2}$)

(1)若要使 $n=2$ 激发态的氢原子电离，至少要用多大频率的电磁波照射该氢原子？

(2)若用波长为200 nm的紫外线照射 $n=2$ 激发态的氢原子，则电子飞到离核无穷远处时的速度为多大？

第五章 原子核

课时作业1　原子核的组成

基础训练

1.广东湛江曾对一批放射性超标的进口钛铁矿实施退运处理,钛铁矿为伴生放射性矿,通常含有天然放射性元素。最早发现天然放射现象的科学家为(　　)

A.卢瑟福　　B.贝克勒尔

C.爱因斯坦　　D.查德威克

2.关于三种射线的说法正确的是(　　)

A.γ射线就是中子流

B.α射线有较强的穿透能力

C.电离作用最强的是γ射线

D.β射线是高速电子流

3.下列现象中,与原子核内部变化有关的是(　　)

A.α粒子散射现象

B.天然放射现象

C.光电效应现象

D.原子发光现象

4.下列说法中正确的是(　　)

A.原子核由质子和中子组成

B.原子核由质子和电子组成

C.质子和中子都带正电

D.原子核的质量数一定等于电荷数

5.如图所示,某种元素的不同同位素的原子核内的中子数N与原子核质量数A的关系是(　　)

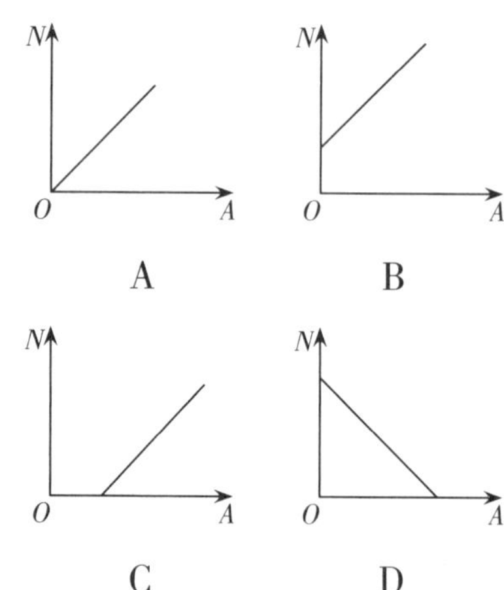

6.若用x代表一个中性原子中核外的电子数,y代表此原子的原子核内的质子数,z代表此原子的原子核内的中子数,则对$^{234}_{90}Th$的原子来说(　　)

A.$x=90$,$y=90$,$z=234$

B.$x=90$,$y=90$,$z=144$

C.$x=144$,$y=144$,$z=90$

D.$x=234$,$y=234$,$z=324$

7.(多选)一个原子核为Bi,关于这个原子核,下列说法中正确的是(　　)

A.核外有83个电子,核内有127个质子

B.核外有83个电子,核内有83个质子

C.核内有83个质子,127个中子

D.核内有210个核子

能力提升

8.据最新报道,放射性同位素钬 $^{166}_{67}Ho$,可有效治疗癌症,该同位素原子的核内中子数与核外电子数之差是(　　)

A.32　　B.67

C.99　　D.166

9.在天然放射性物质附近放置一带电体,带电体所带的电荷很快消失的根本原因是(　　)

A.γ射线的贯穿作用

B.α射线的电离作用

C.β射线的贯穿作用

D.β射线的中和作用

10.如图甲是α、β、γ三种射线穿透能力的示意图,图乙是工业上利用射线的穿透性来检查金属内部的伤痕的示意图,请问图乙中的检查是利用了哪种射线(　　)

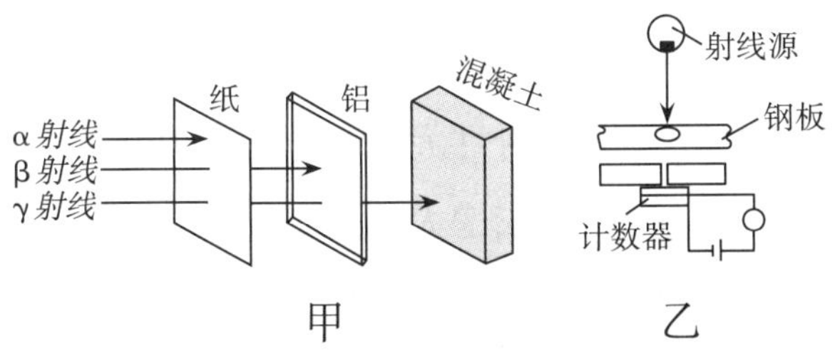

A.α射线　　B.β射线

C.γ射线　　D.三种射线都可以

11.(多选)已知 $^{228}_{88}Ra$ 是 $^{226}_{88}Ra$ 的一种同位素,则下列说法正确的是(　　)

A.它们具有相同的质子数和不同的质量数

B.它们具有相同的中子数和不同的原子序数

C.它们具有相同的核电荷数和不同的中子数

D.它们具有相同的核外电子数和不同的化学性质

12.在暗室的真空管装置中做如下实验:在竖直放置的平行金属板间的匀强电场中,有一个能产生α、β、γ三种射线的放射源,从放射源射出的一束射线垂直于电场方向射入电场,如图所示,在与放射源距离为H高处水平放置两张叠放着的涂药面朝下的显影纸(比一般纸厚且坚韧的涂有感光药的纸),经射线照射一段时间后使两张显影纸显影。

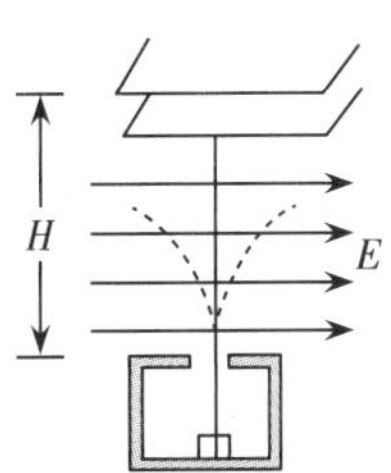

(1)上面的显影纸有几个暗斑?各是什么射线的痕迹?

(2)若在此空间再加上与电场方向垂直的匀强磁场,一次使α射线不偏转,一次使β射线不偏转,则两次所加匀强磁场的磁感应强度之比是多少?(已知$v_\alpha=\frac{c}{10}$,$v_\beta=c$)

课时作业2　放射性元素的衰变

基础训练

1.原子核发生β衰变时,此β粒子是(　　)

A.原子核外的最外层电子

B.原子核外的电子跃迁时放出的光子

C.原子核内存在着的电子

D.原子核内的一个中子变成一个质子时,放出的一个电子

2.原子核$^{238}_{92}U$经放射性衰变①变为原子核$^{234}_{90}Th$,继而经放射性衰变②变为原子核$^{234}_{91}Pa$,再经放射性衰变③变为原子核$^{234}_{92}U$。放射性衰变①②和③依次为(　　)

A.α衰变、β衰变和β衰变

B.β衰变、β衰变和α衰变

C.β衰变、α衰变和β衰变

D.α衰变、β衰变和α衰变

3.由原子核的衰变规律可知(　　)

A.放射性元素一次衰变可同时产生α射线和β射线

B.放射性元素发生β衰变时,新核的化学性质不变

C.放射性元素发生衰变的快慢不可人为控制

D.放射性元素发生正电子衰变时,新核质量数不变,核电荷数增加1

4.(多选)原子核X经β衰变(一次)变成原子核Y,原子核Y再经一次α衰变变成原子核Z,则下列说法中正确的是(　　)

A.核X的中子数减核Z的中子数等于2

B.核X的质子数减核Z的质子数等于5

C.核Z的质子数比核X的质子数少1

D.原子核X的中性原子的电子数比原子核Y的中性原子的电子数少1

5.最近几年,原子核科学家在超重元素的探测方面取得重大进展,1996年科学家们在研究某两个重离子结合成超重元素的反应时,发现生成的超重元素的核$^{A}_{Z}X$经过6次α衰变后的产物是$^{253}_{100}Fm$,由此,可以判定生成的超重元素的原子序数和质量数分别是(　　)

A.112、265　　B.112、277

C.124、259　　D.124、265

6.下列有关半衰期的说法正确的是(　　)

A.放射性元素的半衰期越短,表明有半数原子核发生衰变所需的时间越短,衰变速度越快

B.放射性元素的样品不断衰变,随着剩下未衰变的原子核的减少,元素的半衰期也变长

C.把放射性元素放在密封的容器中,可以减慢放射性元素的衰变速度

D.降低温度或增大压强,让该元素与其他物质形成化合物,均可减小衰变速度

7.核电站核泄漏的污染物中含有碘131和铯137。碘131的半衰期约为8天,会释放β射线;铯137是铯133的同位素,半衰期约为30年,发生衰变时会辐射γ射线。下列说法

正确的是(　　)

A.碘131释放的β射线由氦核组成

B.铯137衰变时辐射出的γ光子能量小于可见光光子能量

C.与铯137相比,碘131衰变更慢

D.铯133和铯137含有相同的质子数

8.碘131的半衰期约为8天,若某药物含有质量为m的碘131,经过32天后,该药物中碘131的含量大约还有(　　)

A.$m/4$　　B.$m/8$

C.$m/16$　　D.$m/32$

能力提升

9.(多选)静止在匀强磁场中的某放射性元素的原子核,当它放出一个α粒子后,其速度方向与磁场方向垂直,测得α粒子和反冲核轨道半径之比为44∶1(图中半径大小没有按比例画),如图所示,则(　　)

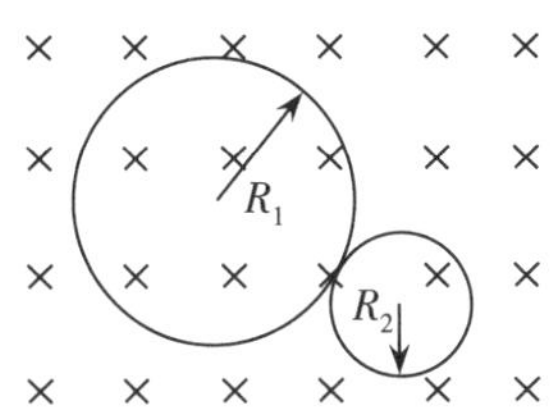

A.α粒子与反冲核动量大小相等、方向相反

B.原来放射性元素的原子核电荷数为90

C.反冲核的核电荷数为88

D.α粒子和反冲核的速度之比为1∶88

10.^{14}C测年法是利用^{14}C衰变规律对古生物进行年代测定的方法。若以横坐标t表示时间,纵坐标m表示任意时刻^{14}C的质量,m_0为$t=0$时^{14}C的质量。下面四幅图中可能正确反映^{14}C衰变规律的是(　　)

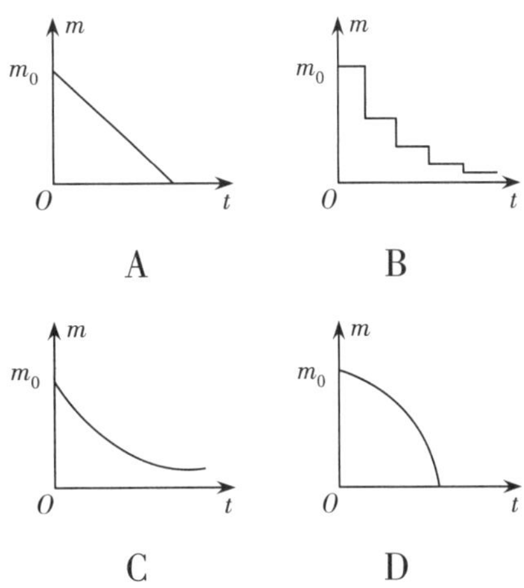

11.氚核^3_1H发生β衰变成为氦核^3_2He。假设含氚材料中^3_1H发生β衰变产生的电子可以全部定向移动,在3.2×10^4 s时间内形成的平均电流为5.0×10^{-8} A。已知电子电荷量为1.6×10^{-19} C,在这段时间内发生β衰变的氚核^3_1H的个数为(　　)

A.5.0×10^{14}　　B.1.0×10^{16}

C.2.0×10^{16}　　D.1.0×10^{18}

12.天然放射性铀($^{238}_{92}U$)发生衰变后产生钍($^{234}_{90}Th$)和另一个原子核。

(1)请写出衰变方程;

(2)若衰变前铀($^{238}_{92}U$)核的速度为v,衰变产生的钍($^{234}_{90}Th$)核速度为$\frac{v}{2}$,且与铀核速度方向相同,求产生的另一种新核的速度。

课时作业3 核力与结合能

基础训练

1.(多选)关于核力,以下说法正确的是(　　)

A.核力是弱相互作用力,作用力很小

B.核力是一种强相互作用力,在其作用范围内,核力比库仑力大得多

C.核力是短程力,作用范围很小,只在临近核子间发生

D.质子间、中子间、质子和中子之间都可能有核力

2.(多选)下列说法正确的是(　　)

A.除 ^1_1H 外一切原子核均具有结合能

B.与较轻或较重的核相比,中等大小的核更稳定

C.比结合能大小反映核的稳定程度

D.比结合能越小的原子核越稳定

3.太阳因核聚变释放出巨大的能量,同时其质量不断减小。太阳每秒钟辐射出的能量约为 4×10^{26} J,根据爱因斯坦质能方程,太阳每秒钟减少的质量最接近(　　)

A.10^{36} kg　　B.10^{18} kg

C.10^{13} kg　　D.10^{9} kg

4.为纪念爱因斯坦对物理学的巨大贡献,联合国将2005年定为“国际物理年”。对于爱因斯坦提出的质能方程 $E=mc^2$,下列说法中不正确的是(　　)

A.$E=mc^2$ 表明物体具有的能量与其质量成正比

B.根据 $\Delta E=\Delta mc^2$ 可计算核反应的能量

C.一个质子和一个中子结合成一个氘核时释放能量,表明此过程出现了质量亏损

D.$E=mc^2$ 中的 E 是发生核反应时释放的核能

5.核子结合成原子核或原子核分解为核子时,都伴随着巨大的能量变化,这是因为(　　)

A.原子核带正电,电子带负电,电荷间存在很大的库仑力

B.核子具有质量且相距很近,存在很大的万有引力

C.核子间存在强大的核力

D.核子间存在着复杂磁力

6.雷蒙德·戴维斯因研究来自太阳的电子中微子(ν_e)而获得了2002年度诺贝尔物理学奖。他探测中微子所用的探测器的主体是一个贮满615 t四氯乙烯(C_2Cl_4)溶液的巨桶。电子中微子可以将一个氯核转变为一个氩核,其核反应方程式为 $\nu_e+^{37}_{17}Cl\rightarrow^{37}_{18}Ar+^{0}_{-1}e$,已知 $^{37}_{17}Cl$ 核的质量为36.956 58 u,$^{37}_{18}Ar$ 核的质量为36.956 91 u,$^{0}_{-1}e$ 的质量为0.000 55 u,1 u质量对应的能量为931.5 MeV。根据以上数据,可以判断参与上述反应的电子中微子的最小能量为(　　)

A.0.82 MeV　　B.0.31 MeV

C.1.33 MeV　　D.0.51 MeV

能力提升

7.(多选)关于质能方程,下列哪些说法是正确的(　　)

A.质量减少,能量就会增加,在一定条件下质量转化为能量

B.物体获得一定的能量,它的质量也相应地增加一定值

C.物体一定有质量,但不一定有能量,所以质能方程仅是某种特殊条件下的数量关系

D.一定量的质量总是与一定量的能量相联系

8.原子核的比结合能随质量数的变化图像如图所示,根据该曲线对核能的认识正确的是(　　)

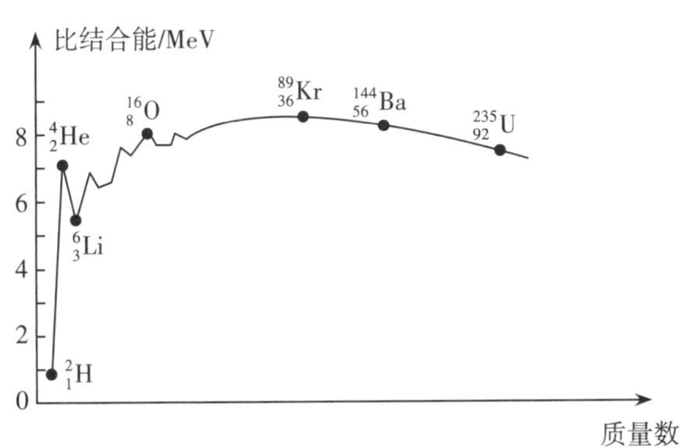

A.质量数越大,比结合能越大

B.质量较小的轻核结合成质量较大的重核时要吸收能量;质量较大的重核分裂成质量较小的轻核时要放出能量

C.质量较大的重核和质量较小的轻核比结合能都较小,但轻核的比结合能还有些起伏

D.一重原子核衰变成α粒子和另一原子核,衰变产物的质量之和一定大于原来重核的质量

9.静止的氡核 $^{222}_{86}Rn$ 放出α粒子后变成钋核 $^{218}_{84}Po$,α粒子动能为 E_α。若衰变放出的能量全部变为反冲核和α粒子的动能,真空中的光速为 c,则该反应中的质量亏损为(　　)

A.$\frac{2E_\alpha}{109c^2}$　　B.0

C.$\frac{111E_\alpha}{109c^2}$　　D.$\frac{109E_\alpha}{111c^2}$

10.中子n、质子p、氘核D的质量分别为 m_n、m_p、m_D。现用光子能量为 E 的γ射线照射静止氘核使之分解,反应的方程为γ+D→p+n,若分解后中子、质子的动能可视为相等,则中子的动能是(　　)

A.$\frac{1}{2}[(m_D-m_p-m_n)c^2-E]$

B.$\frac{1}{2}[(m_D+m_n-m_p)c^2+E]$

C.$\frac{1}{2}[(m_D-m_p-m_n)c^2+E]$

D.$\frac{1}{2}[(m_D+m_n-m_p)c^2-E]$

11.三个α粒子结合成一个碳12,已知碳原子的质量为12.000 0 u,氦原子的质量为4.002 6 u。(1 u=1.66×10^{-27} kg)

(1)写出核反应方程;

(2)这个核反应放出的能量是多少J?

(3)这个能量为多少MeV?

课时作业4　核裂变与核聚变

基础训练

1.(多选)关于铀核裂变,下列说法正确的是(　　)

A.铀核裂变的产物是多种多样的,但只能裂变成两种不同的核

B.铀核裂变时还能同时释放2~3个中子

C.为了使裂变的链式反应容易进行,最好用铀235而不用铀238

D.铀块的体积对产生链式反应无影响

2.图为原子核裂变并发生链式反应的示意图,铀核裂变的产物是多样的,一种典型的铀核裂变对应的核反应方程是 ${}^{235}_{92}U+n \rightarrow {}^{140}_{a}X+{}^{b}_{38}Y+2n$,其中n为中子,对于产物X的原子序数$a$和产物Y的质量数$b$,以下判断正确的是(　　)

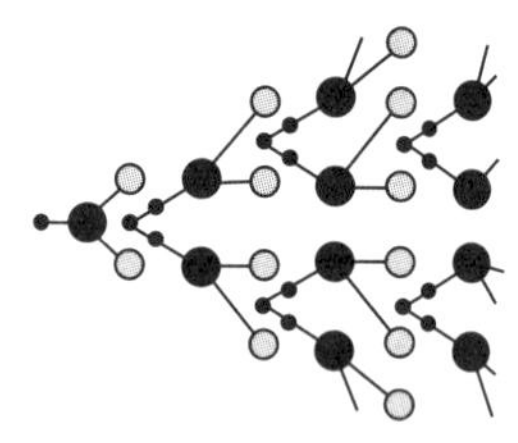

A.a=53,b=93

B.a=54,b=94

C.a=53,b=94

D.a=54,b=93

3.(多选)核电站与火电站相比较,其优势在于(　　)

A.核燃料释放出的能量远大于相等质量的煤放出的能量

B.就可采储量来说,地球上核燃料资源远多于煤炭

C.核电站造成的污染大于相等发电能力的火电站

D.核电站比火电站更容易建造

4.(多选)下列说法正确的是(　　)

A. ${}^{2}_{1}H+{}^{3}_{1}H \rightarrow {}^{4}_{2}He+{}^{1}_{0}n$是聚变

B. ${}^{235}_{92}U+{}^{1}_{0}n \rightarrow {}^{140}_{54}Xe+{}^{94}_{38}Sr+2{}^{1}_{0}n$是裂变

C. ${}^{226}_{88}Ra \rightarrow {}^{222}_{86}Rn+{}^{4}_{2}He$是α衰变

D. ${}^{24}_{11}Na \rightarrow {}^{24}_{12}Mg+{}^{0}_{-1}e$是裂变

5.聚变与裂变相比有很多优点,下列说法不正确的是(　　)

A.地球上聚变燃料的储量丰富,足以满足聚变的需要

B.轻核聚变更为安全、清洁

C.相同质量的核燃料,轻核聚变反应中产生的能量更多

D.环流器是利用聚变物质的惯性进行约束的,即用激光从各个方向照射反应的物质,使它们“挤”在一起发生反应

6.(多选)下列关于“人造太阳”的说法正确的是(　　)

A.“人造太阳”的核反应方程是 ${}^{235}_{92}U+{}^{1}_{0}n \rightarrow {}^{141}_{56}Ba+{}^{92}_{36}Kr+3{}^{1}_{0}n$

B.“人造太阳”的核反应过程中一定发生质量亏损,该过程释放的核能可以用$\Delta E=\Delta mc^2$来计算

C.“人造太阳”的核反应方程是 ${}_{1}^{2}H+{}_{1}^{3}H\rightarrow{}_{2}^{4}He+{}_{0}^{1}n$

D.“人造太阳”的核反应必须在极高温度下，使参与核反应的原子核间的距离接近 10^{-15} m的范围以内才能够发生

能力提升

7.贫铀炸弹是一种杀伤力很强的武器，贫铀是提炼铀235以后的副产品，其主要成分为铀238，贫铀炸弹不仅有很强的穿甲能力，而且铀238具有放射性，残留物可长期对环境起破坏作用而造成污染。人长期生活在该环境中会受到核辐射而患上皮肤癌和白血病。下列叙述错误的是(　　)

A.铀238的衰变方程式为：${}_{92}^{238}U\rightarrow{}_{90}^{234}Th+{}_{2}^{4}He$

B.${}_{92}^{235}U$ 和 ${}_{92}^{238}U$ 互为同位素

C.人患皮肤癌和白血病是因为核辐射导致了基因突变

D.贫铀弹的穿甲能力很强，也是因为它的放射性

8.(多选)发电站的核能来源于 ${}_{92}^{235}U$ 的裂变，下列说法正确的是(　　)

A.反应堆中核反应速度通常是采用调节 ${}_{92}^{235}U$ 的体积来控制的

B.${}_{92}^{235}U$ 的一种可能的裂变是 ${}_{92}^{235}U+{}_{0}^{1}n\rightarrow{}_{54}^{139}Xe+{}_{38}^{95}Sr+2{}_{0}^{1}n$

C.${}_{92}^{235}U$ 是天然放射性元素，升高温度后它的半衰期会缩短

D.一个 ${}_{92}^{235}U$ 裂变放出200 MeV的能量，合 3.2×10^{-11} J

9.当两个中子和两个质子结合成一个α粒子时，放出28.3 MeV的能量，当三个α粒子结合成一个碳(C)核时，放出7.26 MeV的能量，则当6个中子和6个质子结合成一个碳(C)核时，释放的能量约为(　　)

A.21.04 MeV　　B.35.56 MeV

C.77.64 MeV　　D.92.16 MeV

10.两个氘核聚变产生一个中子和一个氦核，已知氘核质量 m_D=2.013 6 u，氦核质量 m_{He}=3.015 0 u，中子质量 m_n=1.008 7 u(已知1 u质量相当于931.5 MeV的能量)。

(1)计算释放出的结合能。

(2)若反应前两氘核的动能均为 E_{k0}=0.35 MeV，它们正撞发生聚变，且反应后释放的核能全部转变为动能，则反应产生的氦核和中子的动能各为多大？

章末测试题

一、单项选择题

1. 下列事实中，能说明原子核具有复杂结构的是(　　)

A. α粒子散射实验

B. 天然放射现象

C. 电子的发现

D. 玻尔的原子模型

2. 下列说法正确的是(　　)

A. ${}^{238}_{92}U$衰变为${}^{234}_{91}Pa$要经过2次α衰变和1次β衰变

B. β射线与γ射线一样都是电磁波，但β射线的穿透本领远比γ射线弱

C. 放射性元素的半衰期与原子所处的化学状态和外部条件有关

D. 天然放射现象使人类首次认识到原子核可分

3. 如图所示，x为未知放射源，它向右方放出射线，p为一张厚度为0.5 mm左右的薄铝箔，铝箔右侧是一真空区域，内有较强磁场，q为荧光屏，h是观察装置。实验时，若将磁场撤去，每分钟观察到荧光屏上的亮点数基本没有变化，再将铝箔移开，则每分钟观察到荧光屏上的亮点数明显增加，则可知放射源x可能为(　　)

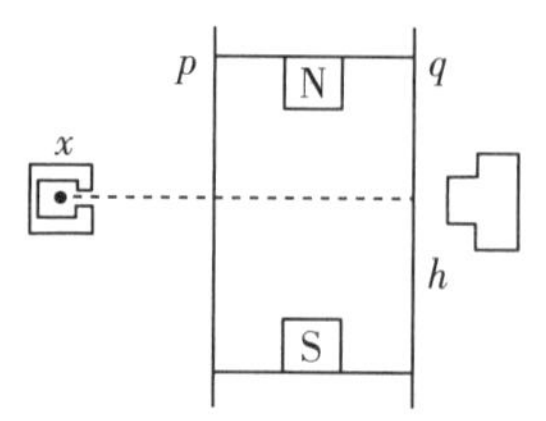

A. α射线和β射线的混合放射源

B. α射线和γ射线的混合放射源

C. β射线和γ射线的混合放射源

D. α射线、β射线和γ射线的混合放射源

4. 月面上空几乎没有空气，月夜的温度会降到-180 ℃，因此玉兔号月球车在月夜要休眠。为了使车内温度不至于降到太低而冻坏那些相对脆弱的设备，科学家们专门给月球车配备了一种特制的放射性同位素核能电池热源，使月球车在休眠时能稳定发热。这种核能电池中的核反应可能是(　　)

A. ${}^{3}_{1}H+{}^{1}_{1}H\rightarrow{}^{4}_{2}He+\gamma$

B. ${}^{235}_{92}U+{}^{1}_{0}n\rightarrow{}^{90}_{38}Sr+{}^{136}_{54}Xe$

C. ${}^{238}_{94}Pu\rightarrow{}^{238}_{95}Am+{}^{0}_{-1}e$

D. ${}^{14}_{7}N+{}^{4}_{2}He\rightarrow{}^{17}_{7}O+{}^{1}_{1}H$

5. 下列说法正确的是(　　)

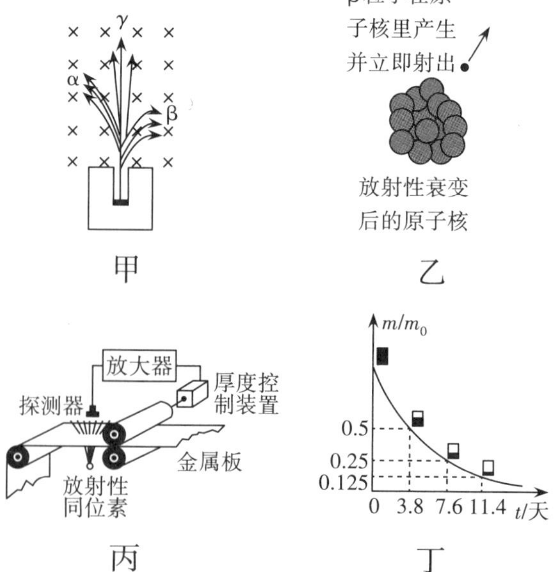

甲　乙　丙　丁

A.图甲中的γ射线可能是原子中的内层电子跃迁时产生的

B.图乙中原子核衰变放出β粒子，说明β粒子是组成原子核的一种粒子

C.图丙为γ射线测厚装置，若探测器测得的射线越弱，说明金属板厚度越厚

D.图丁中氡的半衰期是3.8天，说明20个氡原子核经过7.6天，还剩下5个未衰变

6.正电子发射型计算机断层显像的基本原理是将放射性同位素^{15}O注入人体，^{15}O在人体内衰变放出的正电子与人体内的负电子相遇湮灭转化为一对γ光子，被探测器采集后，经计算机处理生成清晰图像。已知^{15}O的半衰期为2.03 min，正、负电子的质量均为m，光速为c，普朗克常量为h，下列说法正确的是(　　)

A.辐射出γ光子的动量为$2mc$

B.正、负电子相遇湮灭过程的质量亏损为mc^2

C.^{15}O在人体内衰变的方程是$^{15}_{8}O \rightarrow ^{15}_{9}F + ^{0}_{1}e$

D.经过4.06 min剩余^{15}O为原来的四分之一

7.一静止的原子核$^{a}_{n}X$发生α衰变，变成另一个新的原子核Y，衰变后测得α粒子的速率为v，已知α粒子的质量为m_0，原子核Y的质量为M，下列说法正确的是(　　)

A.原子核Y可用符号表示为$^{a-m_0}_{n-2}Y$

B.$^{a}_{n}X$的比结合能一定大于Y核的比结合能

C.原子核Y的速率为$\dfrac{m_0 v}{M}$

D.原子衰变过程中释放的核能为$\dfrac{1}{2}m_0 v^2$

二、多项选择题

8.“东方超环”是我国自主设计建造的世界上第一个非圆截面全超导托卡马克核聚变实验装置。有“人造太阳”之称的“东方超环”实现1亿摄氏度等离子体运行等多项重大突破，获得的实验参数接近未来聚变堆稳态运行模式所需要的物理条件，朝着未来聚变堆实验运行迈出了关键一步，已知“人造太阳”核聚变的反应方程为$^{2}_{1}H+^{3}_{1}H \rightarrow ^{4}_{2}He+^{M}_{Z}X+17.6\ MeV$，关于此核聚变，以下说法正确的是(　　)

A.要使轻核发生聚变，就要利用粒子加速器，使轻核拥有很大的动能

B.$Z=0$，$M=1$

C.1 mol氘核和1 mol氚核发生核聚变，可以放出17.6 MeV的能量

D.聚变比裂变更安全、清洁

9.关于原子核的衰变，下列说法正确的是(　　)

A.对于一个特定的衰变原子核，我们只知道它发生衰变的概率，而不知道它将何时发生衰变

B.放射性元素A经过2次α衰变和1次β衰变后生成一新元素B，则元素B在元素周期表中的位置较元素A的位置向前移动了2位

C.β衰变的实质是核内的质子转化成了一个中子和一个电子

D.碘131的半衰期约为8天，若某药物含有质量为m的碘131，经过32天后，该药物中碘131的含量大约还有$\dfrac{m}{16}$

10. $^{235}_{92}U$ 受中子轰击时会发生裂变，产生 $^{144}_{56}Ba$ 和 $^{89}_{36}Kr$，同时放出能量，已知每个铀核裂变时释放的能量约为200 MeV，阿伏加德罗常数取 $N_A=6.0\times10^{23}\ mol^{-1}$。则下列说法中正确的是(　　)

A. 核反应方程为 $^{235}_{92}U\rightarrow ^{144}_{56}Ba+^{89}_{36}Kr+2^{1}_{0}n$

B. $^{139}_{56}Ba$ 的结合能比 $^{235}_{92}U$ 的结合能大

C. 只有铀块的体积不小于临界体积时才能发生链式反应

D. 若有1 mol的铀发生核反应，且核裂变释放的能量一半转化为电能，则产生的电能约为 9.6×10^{12} J

三、非选择题

11. 核电站利用原子核链式反应放出的巨大能量进行发电。$^{235}_{92}U$ 是核电站常用的核燃料。$^{235}_{92}U$ 受一个中子轰击后裂变成 $^{144}_{56}Ba$ 和 $^{89}_{36}Kr$ 两部分，并产生________个中子。要使链式反应发生，裂变物质的体积要________(选填“大于”或“小于”)临界体积。

12. 约里奥-居里夫妇因发现人工放射性而获得了1935年的诺贝尔化学奖，他们发现的放射性元素 $^{30}_{15}P$ 衰变成 $^{30}_{14}Si$ 的同时放出另一种粒子，这种粒子是________。$^{32}_{15}P$ 是 $^{30}_{15}P$ 的同位素，被广泛应用于生物示踪技术。1 mg $^{32}_{15}P$ 随时间衰变的关系如图所示，请估算4 mg的 $^{32}_{15}P$ 经________天的衰变后还剩0.25 mg。

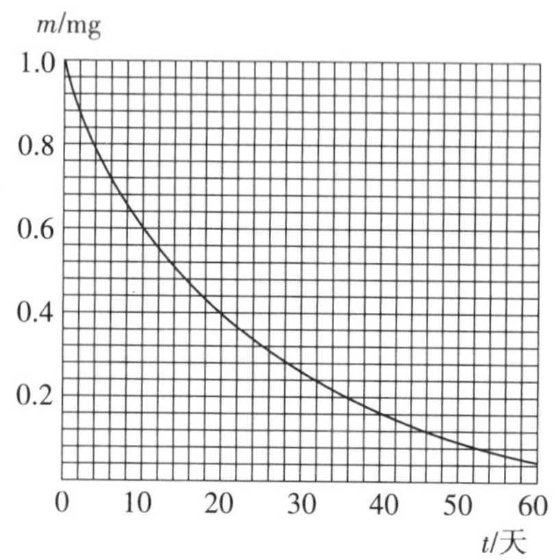

13. 放射性同位素 $^{14}_{6}C$ 被考古学家称为“碳钟”，它可用来判定古生物体的年代，此项研究获得1960年诺贝尔化学奖。

(1)宇宙射线中高能量的中子碰到空气中的氮原子后，会形成很不稳定的 $^{14}_{6}C$，它很容易发生衰变，放出β射线变成一个新核，其半衰期为5 730年。试写出此核反应方程。

(2)若测得一古生物遗骸中的 $^{14}_{6}C$ 含量只有活体中的12.5%，则此遗骸约有多少年？

14. 用速度大小为 v 的中子($^{1}_{0}n$)轰击静止的锂核($^{6}_{3}Li$)，发生核反应后生成氚核和α粒子。已知氚核速度方向与中子的初速度方向相反，氚核与α粒子的速度之比为7∶8，质子与中子的质量近似相等且均为 m，光速为 c。

(1)写出核反应方程。

(2)求氚核与α粒子的速度大小。

(3)若核反应过程中放出的核能全部转化为氚核和α粒子的动能，求该过程中的质量亏损。